应用写作

YINGYONG XIEZUO
JIAOCHENG

教程

周杰　主编

知识产权出版社
全国百佳图书出版单位

图书在版编目（CIP）数据

应用写作教程/周杰主编. —北京：知识产权出版社，2019.1（2022.1 重印）
ISBN 978 - 7 - 5130 - 6011 - 0

Ⅰ.①应… Ⅱ.①周… Ⅲ.①汉语—应用文—写作—高等学校—教材 Ⅳ.①H152.3

中国版本图书馆 CIP 数据核字（2018）第 289722 号

责任编辑：国晓健　　　　　　　　　　责任校对：谷　洋

封面设计：臧　磊　　　　　　　　　　责任印制：孙婷婷

应用写作教程

周　杰　主编

出版发行：知识产权出版社 有限责任公司		网　　址：http：//www.ipph.cn	
社　　址：北京市海淀区气象路 50 号院		邮　　编：100081	
责编电话：010 - 82000860 转 8385		责编邮箱：guoxiaojian@ cnipr.com	
发行电话：010 - 82000860 转 8101/8102		发行传真：010 - 82000893/82005070/82000270	
印　　刷：北京九州迅驰传媒文化有限公司		经　　销：各大网上书店、新华书店及相关专业书店	
开　　本：787mm×1092mm　1/16		印　　张：15.25	
版　　次：2019 年 1 月第 1 版		印　　次：2022 年 1 月第 3 次印刷	
字　　数：270 千字		定　　价：68.00 元	

ISBN 978 -7 -5130 -6011 -0

前　言

　　应用文是人们在日常生活、工作中时常使用的一类文书。应用文种类繁多，无论是生活中写张借条或者签署一份借款合同，还是在工作中写一则通知、报告或者部门工作计划、总结，又或因法律诉讼需要书写的上诉状、申诉书等，都属于应用文的范畴。这些听起来很熟悉的文种，人们在实际写作时往往存在各种各样的问题。作为一名应用写作教师，常常在与人聊天中被责问道："为什么现在很多人写作能力这么差？"正是由于应用写作能力非常重要，而并非多数人能轻松掌握，因此目前很多高校在大学期间开设了应用写作课程，用以帮助学生了解应用写作的基础知识，掌握基本的写作能力，学会运用文字解决实际问题。同时应用写作课程还设置了一个更高一级的教学目标，那就是通过课程学习帮助学生提高分析问题、解决问题的能力。

　　本书是作者多年应用写作课程教学活动的梳理、总结与升华。在书中既有基础知识讲解，又有案例分析，同时每一章节都给出了相应的练习题。这样，既方便教师布置学生课后学习内容，又方便自学者进行自我检测。

　　全书共分 15 章，选取了日常生活、工作中使用频率较高的一些文种进行讲解，且多数章节中都有案例分析的部分。作者希望通过案例讲解，可以使学习者了解一篇文章生成的过程，熟悉并掌握分析问题、运用文字解决问题的方法和思路。本书附录内容丰富，包括党政机关公文处理工作条例、常用公文词汇、标点符号使用法等，便于读者查找。"授之以鱼，不如授之以渔。"应用文的种类繁多（有人统计至少有近三百种），若把全部文种罗列出来进行讲解很是繁复。况且，当下互联网相当发达，很多文种在网络上都可以轻松查找到模板与范文。因此，本书把大量笔墨放在了如何利用文字解决问题的分析之上，帮助读者创建解决问题的基本思路，学习掌握应用文写作的基本方法与技巧。

　　作者尽力把本书打造成一本内容充实、通俗易懂、实用有效的应用写作指导之书。在写作过程中，作者参考了报刊、相关教材及学术论文、网络信息等有益资料，谨此说明，深表谢忱。

由于个人能力所限，书中难免有所疏漏，敬请各位读者不吝赐教，以求未来打造更加完美的版本。

编者

目　录

第一章 绪 论

学习重点

掌握应用文的概念及特点
了解应用文写作的基本表达方式
熟悉应用文的使用范围与基本要求

学习难点

应用文写作的基本表达方式与艺术创作的区别

第一节 应用文的概念和特点

一、应用文写作的概念

(一)文字及应用文的发展沿革

在我国，迄今可以见到的原始形态文字，是殷墟出土的甲骨卜辞。它是商代王室镌刻在龟甲和兽骨上的简短占卜记录。这些卜辞记录了当时占卜的内容和结果，多用来卜问国家大事和君王的疑难，可谓上古时期应用文字的历史见证。

甲骨文之后，商周时期出现钟鼎铭文，或称金文、钟鼎文，即铸或刻在钟鼎等青铜器上的文字。这些文字记载具有实用性，或标明器物的族氏和祭祀对象，或说明用途，或表明器物的来历等。

随着冶铁技术的发展、铁刻刀具的使用，石刻文字应运而生。初唐出土的

《石鼓文》，属战国时代秦国的石刻文字。从内容上看，主要是歌颂秦国政事之明、征战之功、将士之猛、田园之美、游猎之盛等，其实又何尝不是"大事纪要"之类的实用文呢？

但是，篆书、金文、石鼓文直至秦朝李斯创作的小篆，终究是贵族化的工艺美术字。或是凭依铸、雕等手段使之美化，或是运笔舒缓迂回增其美感，兼以缺少约定俗成的先决条件，便失去了它们的使用价值。处于社会中下层的刀笔文吏及民间通行的文字，如竹简书，才是我国文字演变、应用文书载体沿革的主流之所在。

孔子用竹简书编纂的《尚书》，是我国最早的一部上古时代管理国家事务的文献记载和应用性的文件汇编。其分为虞、夏、商和周四部分，包括祝辞、誓词、诰言、法令等；也有用以登记土地和财务的会计文书；还有反映各诸侯国之间关系的盟约文书等，为我国公文写作开了先河。

秦统一后，应用文逐步成型化。分类和格式已初步确立，有了上行文和下行文之分。上行文有章、表、奏、议，是臣子给皇帝的文书；下行文有制、诏、策、戒，是皇帝给臣子的文书。民间还有书、启、呈、状等。

两汉时期，在文字书写上完成了由篆书向隶书的转变；继而，草书、行书、楷书在这一时期得到了孕育和发展；尤为重要的是，造纸术的发明，将文字文化的发展推向了历史空前的转折点，朝野上下，应用性文字的写作，既十分重要，又相当便捷。三国时期，公务性应用文统称公文，在上下左右乃至国与国之间盛行。

魏晋六朝出现了研究应用文文体特点和写作要求的文章，在理论研究上有了新发展。其中，曹丕有首创之功。他在《典论·论文》中把文章分为4类8科，前3类6科都是应用文。他还提出了"雅""理""实"的写作要求，高度强调了文章的实用价值。南朝大文论家刘勰在《文心雕龙》一书中探讨了35种文体的起源、演变及其代表作品和写作特点，其中大部分属于应用文体，对后世应用文的规范化起了很大作用。

唐宋时期，在应用文的使用方面，更是名目繁多。下行文有制、敕、册、令、教、符；上行文有表、状、启、辞、牒等；平行文有关、移、刺等。其中，牒、关、刺为唐代特有。在宋代，公牍体制也有一些变化，如创设了诰命、御札、呈状、申状等体式。

明清时期，应用文体的种类日趋繁杂。清代学者刘熙载正式提出了"应用文"这一名称。但是，日益庞大而腐败的官僚机构、禁锢而僵化的管理体制，致使文牍主义、繁琐哲学越演越烈。"令多扰民"，且朝令夕改，应用文随着封建国家的衰败逐渐走向下坡路。

不可否认的是，在我国古代应用文的发展历史上，曾经产生过不少传世佳作。如秦朝李斯的《谏逐客书》、汉代晁错的《论贵粟疏》、司马迁的《报任安书》，等等。

辛亥革命推翻了封建的清王朝，文书的改革主要体现在两个方面：一是规定了新的公文种类，废除了旧的公文名称。1912 年，南京临时政府颁布了公文程式条例，规定了新的文种，如"令"（下行公文，公布法令，任免时用）、"咨"（平行公文，同级官署交往时用）、"呈"（上行公文，向上级陈情报告时用）、"状"（上行公文，百姓向官署陈述时用）等，并废除了历代王朝使用的"制""诏""旨""奏"等名称。二是规定了写作中不准再用"老爷""大人"之类的词语。但在当时，公文用的语体仍是文言文。

1934 年，国民党政府曾颁布公文程式条例，将公文规定为 9 类，即令、训令、指令、布告、任命状（包括特任、简任、荐任、委任）、呈、咨、公函、批等。但是，这些公文从内容到形式依然建立在"上下尊卑"的封建礼法基础上，在体式上逐渐形成了一套繁文缛节，谈不上有什么民主作风，应用效率不高。

中国共产党在建设人民新政权的过程中，逐步对应用文进行根本性的改造，革除了旧公文的封建衙门恶习，给各类应用文都注入了民主的新气息，越来越受到人民大众的欢迎。苏维埃政府、边区政府张贴的布告，红军、中国人民解放军发布的命令，都体现了人民的利益是最高利益，从内容到形式都为老百姓着想。

中华人民共和国成立后，从 1951 年到 1981 年的 30 年中，党和政府先后发布了十多个关于机关公文写作的文件，使我国公文写作逐步走上规范化、科学化、系统化的道路。1987 年，国务院办公厅公布了《国家行政机关公文处理办法》，1993 年 11 月对此做了修订，规定国家行政机关的公文为 12 类 13 种。经过进一步的完善，2000 年 8 月 24 日，国务院又发布了新的《国家行政机关公文处理办法》，使应用文写作发展到一个新的阶段，提高到一个新的水平。2012 年 4 月 16 日，中共中央办公厅、国务院办公厅以中办发〔2012〕14 号印发《党政机关公文处理工作条例》。该条例分总则、公文种类、公文格式、行文规则、公文拟制、公文办理、公文管理、附则 8 章 42 条，自 2012 年 7 月 1 日起施行。同时，1996 年 5 月 3 日中共中央办公厅发布的《中国共产党机关公文处理条例》和 2000 年 8 月 24 日国务院发布的《国家行政机关公文处理办法》停止执行。本条例适用于各级党政机关公文处理工作。规定公文处理工作应当坚持实事求是、准确规范、精简高效、安全保密的原则。各级党政机关办公厅（室）主管本机关的公文处理工作，并对下级机关的公文处理工作进行指导和督促检查。

现代应用文的特点主要表现在以下三个方面：①具有鲜明的时代特色，反映了为人民服务及为"两个文明"建设服务的新内容，体现了人与人之间平等互助的新型关系；②在形式上删繁就简，灵活求实，摒弃了形式主义的陈规陋习；③在语言上改变了文言连篇，套话泛滥的现象，使用了大量群众所喜闻乐见的新鲜词汇，文风为之一新。

（二）应用文的概念

关于应用文的概念，有很多种版本，大抵是因为从不同的着眼点来说明。本书中如此概括应用文的概念："应用文是指机关团体、企事业单位、公司及个人为了交流信息、沟通情况、处理事务而使用的一种有着固定格式及直接使用价值的书面交际工具。"它既说明了应用文的性质，又充分概括了应用文的特点，同时说明了应用文的使用者为社会中的机构或个人，应用文所处理的事务有公务抑或私务。应用文有着一定的规定性和规范性。它的主要功能是用于交际，以书面形式呈现。

二、应用文的特点

（一）真实性

应用文真实反映各种社会活动。社会生活真实状态如何，写作就必须也只能做真实反映。否则，不仅使写作本身丧失了尊严和意义，同时亦将为社会或企业带来极为不利的影响。

应用文的真实性，首先要求作者必须具有实事求是的写作态度，如实反映社会实践的过程和需求；其次要求写作的材料必须真实，包括时间、地点、数据、过程等，必须完全与事实一致。此外，真实性也指作者的观点结论的正确性，即叙事过程得出的结论符合人们的认识规律，反映客观事物的本质，而不是牵强片面的或者先验的。

真实是写作的生命，尤其在应用文写作方面，倘若没有真实的态度，就可能会影响决策，影响市场，甚至会影响社会稳定。每一个应用文写作者，对此必须有清醒的认识。

（二）时效性

时效性是应用文写作的最基本特性，并以此区别于文学创作。无论是从应用文的产生来看，还是纵观它的发展，都证明了应用文是与社会实践共生共存的。这一点决定了应用文必须具有时效性。

从写作动机来看，应用文是为了解决实际问题而作的。从写作要求来看，应用文写作必须面对现实，从而及时、客观地提出切实可行的方针政策、办法措施。从写作手法来看，应用文不宜有过多修辞手法的使用，谋篇布局或遣词造句都应朴实无华。从写作效果来看，应用文参与了社会生活的方方面面，对工作的开展和深入，对各种关系的协调与规范，都切实做出了贡献。因此，如果写作缺少了时效性，应用文就失去了其存在的意义和价值。

（三）模式性

应用文的写作具有相当强的模式性，尤其是公文。无论是文章的格式、语言、行文，还是文章的印发、归档等工作，都有着相当强的模式性，必须严格遵照中共中央办公厅、国务院办公厅以中办发〔2012〕14号印发的《党政机关公文处理工作条例》来执行。即使是一般的应用文也有着约定俗成的"套路"，所有写作者都必须以此为据完成书写工作。同时，应用文写作必须中规中矩，行文要符合国家语言文字法要求，措辞符合语法修辞逻辑的常识，才能在使用中体现正确性，发挥权威性。

（四）简约性

应用文的写作必须体现简约性。应用文要求语言简洁，主题鲜明，要用最直截了当的手法，用最经济的话语解决问题、处理事务。因此在写作中，写作者必须要有针对性地谈，要直截了当地处理问题，不可以长篇大论、引经据典；同时，还要避免"学生腔"。

第二节　应用文的作用和种类

一、应用文的作用

应用文的作用主要体现在以下五个方面。

（一）管理作用

在整个社会的实践活动中，无论从哪个层面来看，都需要管理，才能保证整个社会活动的有序进行、高效运转。中央决策的贯彻，国家意图的实现，政府计划的落实，上级安排的执行，领导层、管理层对各层各级的管理，很多都需要通过应用文来体现。公文类的应用文，凸显了大政方针和各项决策；管理类的应用文则重在规定具体步骤及总体协调。因此，应用文的首要作用体现在它的管理方面，正如应用文的产生是在人类社会有了管理的需要后才出现一样。

（二）规范作用

应用文对社会行为有规范作用，尤其是计划、规章、契约等，其规范作用更为明显。在社会组织的运转中，必然会产生如计划安排、规章条约等文书。这些文书是对组织和人员行为的一种制约，明确了哪些是"规定动作"，哪些情况下可以做"自选动作"，而哪些又是不能被认可或允许的。有些文书则从时间上或者是质量上、技术上做出限制，明确了不同阶段不同的工作任务以及每项工作或产品的质量等级和技术标准。

应用文书一旦形成，便具有一定的权威性。如果这些文书在执行过程中遇有阻力，则违规者必须受到相应的制裁。即使文书内容确有应修正及至废止之处，也只能通过一定的程序完成修正或废止，而绝不能随便处置，这样就维护了文书的严肃性，保障了它的规范作用。

（三）依凭作用

长期以来，人们已然习惯以"文件"作为行为的依凭。这里的"文件"，当然是指应用文体的公文，它是人们办事的重要依凭。当今社会，无论是公文、契约、规章制度、诉讼文书等，一旦形成并经过基本形式的确认，便是相关行为人的行为依据，并据此产生相关责任。而有些文书又是为了记载、反映某些事件的发展过程而撰写的，如会议纪要、大事件、意向书等，都具有很强的记录性。此外，当文书的现实作用结束后，它还可转化为档案资料文献，继续发挥反映社会生活发展轨迹的真实记录作用，为后世提供历史的参照。

（四）沟通作用

社会是一个庞大的有机组织，为了让这个有机组织中的方方面面、各个层次相互了解，便于协调，人们必须通过各种手段联系沟通。应用文就是沟通的主要手段之一。上下级之间的领导与服从，请求与答复；兄弟单位之间的商洽与合作，研讨与通气；主管部门对相关对象的知照与要求，关切与解释等，最终都以应用文体来表现其结果。相关应用文实际上就是保证并促使社会这台机器运转的纽带。即使是在通信手段高度发达的今天，应用文的联系沟通作用仍具有其不可替代性，它以自己的严肃性和权威性在社会生活中凸显奇功。

（五）宣传作用

经济活动都是以取得一定的经济效益为目的而进行的，而在信息极度丰富的当今社会，要想自己的经济活动取得好的效果，进行宣传是不可或缺的，"酒香不怕巷子深"有时似乎有些行不通了。一份好的广告，可以让产品的销量成倍增长；一份负面的经济报道可以让一个产品滞销甚至让整个生产厂家退市。因此，经济应用文的宣传作用也是相当强大的，我们应该充分利用这一特点支持自己的经济活动达到预期效果。

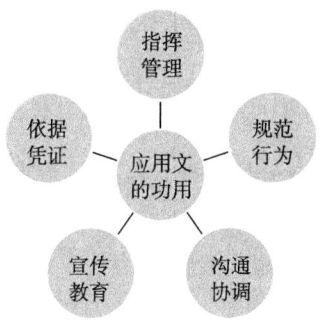

图 1-1　应用文的作用

二、应用文的种类

应用文的种类极其繁杂，从文体、形式、作用等不同的角度，可以分出不同的种类，本书涉及的文书包括以下六类。

1. 行政公文类

根据《党政机关公文处理工作条例》的规定，公文种类主要有 15 种。

（1）决议。适用于会议讨论通过的重大决策事项。

（2）决定。适用于对重要事项作出决策和部署、奖惩有关单位和人员、变更或者撤销下级机关不适当的决定事项。

（3）命令（令）。适用于公布行政法规和规章、宣布施行重大强制性措施、批准授予和晋升衔级、嘉奖有关单位和人员。

（4）公报。适用于公布重要决定或者重大事项。

（5）公告。适用于向国内外宣布重要事项或者法定事项。

（6）通告。适用于在一定范围内公布应当遵守或者周知的事项。

（7）意见。适用于对重要问题提出见解和处理办法。

（8）通知。适用于发布、传达要求下级机关执行和有关单位周知或者执行的事项，批转、转发公文。

（9）通报。适用于表彰先进、批评错误、传达重要精神和告知重要情况。

（10）报告。适用于向上级机关汇报工作、反映情况，回复上级机关的询问。

（11）请示。适用于向上级机关请求指示、批准。

（12）批复。适用于答复下级机关请示事项。

（13）议案。适用于各级人民政府按照法律程序向同级人民代表大会或者人民代表大会常务委员会提请审议事项。

（14）函。适用于不相隶属机关之间商洽工作、询问和答复问题、请求批准和答复审批事项。

（15）纪要。适用于记载会议主要情况和议定事项。

2. 管理事务类文书

其中包括规章制度类的章程、规定、办法、细则和公约；计划类、总结类文书；事务简报制作和大事记写作；还包括办事指南、公示及事务公告等。

3. 报告类文书

包括市场调查报告、经济活动分析报告、经济预测报告、可行性研究报告、审计报告等。

4. 协约类文书

包括招标公告、投标函；意向书、经济合同和协议书等。

5. 公关宣传类文书

这是一个较大的种类，所含内容众多。包括普通书信、专用书信、条据、致辞、演讲稿等。

6. 求职类文书

这类文书包括求职信和求职简历。

第三节　应用文写作的要求

一、写作的"四要素"

文章的写作是由四个基本要素构成的：主题、材料、结构、语言。这"四要素"的存在就好像我们人类需要有灵魂、血肉、骨骼、细胞一样，是所有文章写作时必须体现的基本要素（见图1-2）。

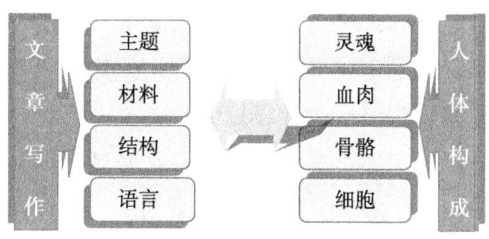

图1-2　文章写作"四要素"

但写作行为根据写作目的不同分为艺术创作和应用写作两大类别。前者是为了抒发主观情感、反映现实生活而作，后者的写作目的则是处理事务、解决问题。因此，这两种写作行为对主题、材料结构和语言的要求有所不同。

二、应用写作与艺术创作的不同

（一）主题

应用文写作的主题要求先行。

这与艺术创作有很大的不同。主题先行就是根据某种实际需要，写作者先确定一个主题，然后再根据主题寻找材料，写出文章。但艺术创作切忌主题先行；否则，就会使艺术创作失去它应有的魅力，而出现千篇一律的现象。

应用文的主题还要强调它的单一性。一事一文是写作应用文时必须遵守的一项基本原则。每一篇应用文只谈一个主题，如果有多项议题，则需要写作相应的多篇文章来解决。单一性还体现在部分文种主送机关要单一。例如，要写一则请示给三个主管部门，绝对不允许把三个部门并列为一组主送机关，而是要分别写三份请示给三个部门。这样做的目的是真正地解决问题，实现我们写作应用文的初衷。

应用文的主题还需要体现显露性。艺术创作的主题是隐含的，一般不会显露在外，需要阅读者进行归纳、总结才能知晓。同时，对于艺术创作出来的文章的理解也可因人而异，故"有一千个读者，就有一千个哈姆雷特"的说法。但应用文写作对主题的要求是必须显露。这一点甚至在文种的选择上就有所体现。如果我们看到的文章标题中含有"报告"两个字，那就应该知道这篇文章一定是为了汇报工作、答复询问或反映情况而撰写的。

（二）材料

应用文写作的材料要求必须具有真实性，这是由应用文的特点而决定的。

应用文的写作目的是办理公务或处理个人事务。因此，如果在处理事务过程中采用了与事实不一致的信息，在写作过程中使用了不真实的材料，那么问题的处理结果一定是与理想目标大相径庭的。

而艺术创作则不同，文学作品中的素材常常是虚构的，或者是现实生活中的人物及发生的事件的一个综合。鲁迅先生说过："所写的事迹，大抵有一点儿见过或听过的缘由，但决不用这事实，只是采取一端，加以改造，或生发开去，到足以几乎完全发表我的意思为止。人物的模特儿也一样，没有专用某一个人，往往嘴在浙江，脸在北京，衣服在山西，是一个拼凑起来的角色。"这也正是文学作品要源于生活，又要高于生活的体现。

应用文的材料还要求具有时效性和典型性。为了及时、有效地处理好事务，人们在处理问题过程中，必须要选用那些最近时期发生的、对现在还有参考价值的材料。比如在写市场调查报告时，就必须要进行现实的调查，如果采用以往的一些统计数字，确实省时、省事不少，但却解决不了任何问题。

而艺术创作则不同，根据作者的需要，可以把几千年前甚至史前的事件搬出来都无所谓，当然你也可以写未来世界，很多科幻电影便是如此。

（三）结构

应用文的结构具有模式化和固定性的特点。

结构的模式化与固定性掌握起来既复杂又容易。应用文的每一个文种都有其模式化的结构，这一结构具有固定性，需要写作者严格遵守。这看起来很复杂，需要记住很多东西，但如果掌握了其中的基本原则，了解了应用文写作的基本要求，举一反三，那么就比较容易掌握。

应用文的结构还要求具有条理性。这一点似乎对艺术创作也有同样的要求。确实是这样，但其实质却有所差异。经济应用文结构的条理性要求既要存在于内容的安排上，又要有其明显的外在体现。而艺术创作结构的条理性则可以只体现于内，而不必表现于外。也就是说，艺术创作的结构不能囿于一定模式，否则将失去其文学魅力。

（四）语言

应用文的语言要求具有书面化的特点。

只有书面语言才能更充分地体现应用文的规范性与公务性。这一点对于初学者具有很强的挑战性。

而艺术创作的语言则是丰富多彩的，它的使用是以为整个作品服务为原则的。作者可以用书面化的语言，也可以使用口语，甚至还可以使用俚语、俗语，等等。只要是能够满足作品表达的需要，做任何一种选择都是被允许的。

应用文的语言还要求数字化及精准化，这两点又是相辅相成的。为了使表述更加精准，用数字来说话，不失为一种好办法。而艺术创作则不能遵循这一原则；否则，会使作品枯燥、干瘪和乏味。

三、应用文写作的具体要求

（一）主题的要求

①正确；②集中；③深刻；④鲜明。

在应用文的学习、写作过程中，努力提高思想水平和政策水平，才能保证文章的主题不偏离国家的大政方针，不与国家的法律、法规相冲突。另外，应用文的主题还要做到集中、深刻。正如前文提到的主题要单一。一篇文章解决一个事件，同时要使主题凸显，让阅读者一目了然。

（二）材料的要求

①真实；②准确；③完整；④充分。

在应用文的写作过程中，必须要把所有支持事件处理的相关材料真实、准确地书写出来。只有这样，才能保证写作者及阅读者对事务有全面的认识，从而保证周全地考虑处理问题的办法。例如，在写一份通知时，如果对于材料的使用不完整（如写会议通知，未能写清楚会议召开的具体地点），那么势必给写作者带来无限的麻烦，在通知下发后要对因缺少材料而造成的理解困难进行无限次的说明与解释。

（三）语言的要求

①准确；②精要；③平实；④规范。

应用文写作的要求首先是必须准确和精要。准确，指语言表达的语法规范、文法正确、含义明晰。精要，则是指应用文写作语言要简约明确，要善于运用书面性的表达方式，善于以文章所涉行业的专业名称和准确的关联词语来遣词造句，做到文章晓畅清晰，言简义丰。同时，还要避免语言过于花哨，避免使用过多修辞与铺垫，要做到有一说一。

（四）总体要求

①一文一事；②就事论事；③有为而发；④事毕则止。

以上四点是对应用文写作的一个总体要求，写作者必须时刻铭记心中。这四点要求也正是对应用文概念的一种解读。为了处理事务，解决问题，我们在写作应用文的时候，要因事而为，要有针对性，有时效性，通过文章的写作把面对的问题解决好，同时也就实现了写作目的。

本 章 测 试

简答题

1. 请说明应用文的概念及特点。

2. 请简要概述应用文的作用。

3. 请概括应用文的写作要求。

第二章 公务文书（一）

■ **学习重点**

　　掌握公务文书的概念及特点
　　了解公务文书的基本格式
　　熟悉公务文书的作用及分类

■ **学习难点**

　　公务文书广义及狭义的理解

第一节 公务文书的概念和特点

一、公务文书的概念

　　公务文书简称为公文。它是与私人文书相对的一个概念。应用文的使用者包括党政机关、企事业单位、公司及个人。因此，广义的公文指所有处理公务时使用的文书。实际使用中，公文有广义和狭义两种理解。

　　首先，我们来看狭义的公文。狭义的公文指法定公文，也就是由国家法律、法规、规章所详细规定的各类文书。党和国家对于公文的使用和管理非常重视，不断调整、完善各类公文的使用与管理规定。

　　（1）根据1996年5月3日中共中央办公厅发布的《中国共产党机关公文处理条例》规定，党的机关公文种类主要有决议、决定、指示、意见、通知、通报、公报、报告、请示、批复、条例、规定、函、会议纪要14种。

　　（2）根据2000年1月15日修改并印发的《人大机关公文处理办法》确

定的公文种类有公告、决议、决定、条例、规则、实施办法、议案、建议、批评和意见、请示、批复、报告、通知、通报、函、意见、会议纪要。

（3）根据 2000 年 8 月 24 日国务院发布的《国家行政机关公文处理办法》（国发〔2000〕23 号文件）规定，行政机关的公文种类主要有命令（令）、决定、公告、通告、通知、通报、议案、报告、请示、批复、意见、函、会议纪要 13 种。

（4）根据 2012 年印发的《党政机关公文处理工作条例》，公文种类主要有决议、决定、命令（令）、公报、公告、通告、意见、通知、通报、报告、请示、批复、议案、函和纪要 15 种。

以上四份文件规定了狭义公文即法定公文的种类。那么，广义的公文包括哪些呢？广义公文包括在处理各种公务中形成的文书材料。它既包括国家行政机关的公文，也包括各级党组织及人大在公务活动中形成的公文，还包括其他各党政机关、社会团体、企事业单位在处理工作中的各种问题、反映各方面的情况或联系各项工作所形成的文书材料。

日常公文写作中，国家党政机关、行政机关、人大机关应遵照狭义公文的规定来执行。一般机关、团体、企事业单位则可使用广义的公文概念，力争在各种环境中都能妥善使用恰当文种处理相关事务。

二、公务文书的特点

公务文书的特点主要体现在以下四个方面。

1. 法定性

这一特点主要是针对狭义的公文来谈的。首先，狭义的公文种类是由法定组织确定的，其法定作者多为能行使职权和承担义务的国家机关和其他社会组织。法定公文必须以相应机关的名义或其法定代表人的名义制发，一般个人或非正式组织无权制发。其次，狭义的公文一经发布，就有法定的现实执行效用，对受文者及其他有关方面的行为将产生不同程度的强制性影响。最后，除需要周知的公文外，法定公文的阅读者也是有严格规定的，根据秘密等级的不同，阅读者范围会有很大差异。

2. 工具性

公文是处理公务中形成的文书材料，其形成一定是为传递某种信息、宣布某项决定、解决某个问题而作。因此，公文的制发体现了它的工具性。另外，在公文的执行过程中，要将施政管理意向变成行为，公文本身就是执行的依据和准则，用以指导或规范人们的行为。

3. 规范性

通过前面概念的学习，对于公文的规范性我们已经有了非常感性的认识。那些法定公文都是由"办法、条例"来规范的。其中的各项规定是每一个接触公文者必须遵守的，无论你是写作者、阅读者还是文档管理者。那么，广义的公务文书是否也具有规范性呢？答案同样是肯定的。每一个文种适合在什么情况下使用，使用的格式和行文要求都具有相当强的规范性。

4. 实效性

作为公务文书，它的内容一定关乎公务，这就决定了它主要是针对公务活动中的具体情况，为及时解决实际问题而发的。管理者发现政务中的情况和问题，迅速做出决策，并以公文的形式上达或下发，以确保施政，利于管理。使用公文时，突出公文的时效性才能保证决策的迅速、快捷和工作的高效率，才能及时解决公务活动中的实际问题。

第二节　公务文书的作用和分类

一、公务文书的作用

公务文书是管理事务的一种重要工具，具体来讲，它的作用主要体现在以下四个方面。

1. 指挥和指导作用

公文是上级机关对下级机关领导与指导的一种工具，它可以记录和传达领导机关的办事意图、工作安排。发给下级机关后，下级机关需要认真地贯彻执行，这就起到了指挥与指导作用。

下行公文中，大部分都具有这种指挥和指导作用。这种指挥和指导作用包括两个方面：一是上级机关发布的各项命令、决定、决议、通知、批复等，要求下级单位严格执行；二是有些公文发布的范围较广，只提出一些原则性的意见，要求下级单位根据具体情况参照执行，具有较大的灵活性。事实上，指挥和指导这两项作用在具体的公文中往往交织在一起，不易区分。但对下级单位来说，不管上级机关发布的公文是要求严格执行还是参照执行，都必须把它作为行动的依据，予以贯彻落实。

2. 传达与教育作用

国家权力机关、行政机关制定的各项法律和法规，一般都用法定公文来发布。这些公文本身就体现了国家的方针、政策。同时，有一些公文则是方针、政策的具体化。这类公文对提高广大干部、群众的认识，统一思想起着非常重要的教育作用。另外，公文中的通报、决定等文种，可以用于表彰、嘉奖先进模范人物，批评、惩处犯错误的组织或人员，此亦将对广大干部、群众起到教育作用。

3. 桥梁与纽带作用

公务文书具有桥梁和纽带作用。这一功用不仅狭义公文具有，广义的公务文书同样具有。从写作动机来看，无论是公文还是一般的应用文都是为了沟通信息、解决问题而作的。因此，公文的桥梁和纽带作用不可忽视。充分发挥公文的桥梁、纽带作用，可以让我们在处理事务时通过一篇公文就可以解决一个相当大的问题。

4. 凭证与依据作用

法定公文有着法定的作者，有特定的格式，有极大的权威性，是处理问题的依据。由于公文记载了大量有关政治、经济、文化、教育、科学、技术等方面的情况，它在发挥了指挥、指导、传达、教育、桥梁、纽带等作用之后，经过整理、立卷、归档，就成为有重大价值的档案资料，可供各级机关工作人员研究工作、解决问题时参考，也是后代的历史研究人员研究某一时期历史的可靠凭证。

二、公务文书的分类

前面我们已经提到，关于公务文书有广义和狭义的两种理解。我们这里首先来看一下狭义公文的种类，以《党政机关公文处理工作条例》（2012）中规定的公文种类为主来学习（因为这一大类的公文在现实生活中使用范围更广，这主要指两个方面，一是这些文种使用的频率较高，二是这些文种的使用者群体更大）。

（1）决议。适用于会议讨论通过的重大决策事项。

（2）决定。适用于对重要事项作出决策和部署、奖惩有关单位和人员、变更或者撤销下级机关不适当的决定事项。

（3）命令（令）。适用于公布行政法规和规章、宣布施行重大强制性措施、批准授予和晋升衔级、嘉奖有关单位和人员。

（4）公报。适用于公布重要决定或者重大事项。

（5）公告。适用于向国内外宣布重要事项或者法定事项。

（6）通告。适用于在一定范围内公布应当遵守或者周知的事项。

（7）意见。适用于对重要问题提出见解和处理办法。

（8）通知。适用于发布、传达要求下级机关执行和有关单位周知或者执行的事项，批转、转发公文。

（9）通报。适用于表彰先进、批评错误、传达重要精神和告知重要情况。

（10）报告。适用于向上级机关汇报工作、反映情况，回复上级机关的询问。

（11）请示。适用于向上级机关请求指示、批准。

（12）批复。适用于答复下级机关请示事项。

（13）议案。适用于各级人民政府按照法律程序向同级人民代表大会或者人民代表大会常务委员会提请审议事项。

（14）函。适用于不相隶属机关之间商洽工作、询问和答复问题、请求批准和答复审批事项。

（15）纪要。适用于记载会议主要情况和议定事项。

以上是党政机关公文的种类，共 15 种。条例中对每一个公文种类都给出了最简要的说明，让读者可以很清晰地了解每一个公文种类的基本含义及大体使用范围。

另外，按照不同的分类标准，公文还可以划分为不同的种类。下面我们再来看一下公务文书的其他分类情况，以便对公文有更深入的了解。

根据公文行文方向可以分为上行文（具有隶属关系的下级向上级机关报送的公文，如请示、报告等）；平行文（同一组织系统的同级机关或不相隶属机关之间的来往公文，如函等）；下行文（领导机关对下级所属机关发送的公文，如命令、决定、公告、通告、通知、通报、批复等）。

根据公文时限要求可以分为常规公文（无特殊时间要求，可以按照常规处理的公文）；急办公文（内容重要并急需打破常规，迅速传递处理的公文）；特急公文（内容至关重要并特别着急，已临近规定的办理时间，需要立即优先迅速传递处理的公文）。

根据公文来源可以分为收文（本机关收到的来自外部的公文）、发文（包括由本机关制成并发往外部的公文和本机关制成且只供内部使用的公文）。

根据公文的性质、作用可以分为指导性公文（由领导机关制成的，用于颁布方针、政策、法规，指导、布置工作，阐明工作的指导原则的公文，如命令、决定等）；公布性公文（直接向国内外公开发布的公文，如公告、通告等）；陈述呈请性公文（用于汇报工作、陈述情况、提出建议、请求指示或批准的公文，如议案、请示、报告、意见等）；商洽性公文（无传递方向限制，用于探讨协商一般事项的公文，如函）；记录性公文（用于将会议的基本情况、主要精神和议定事项择要整理的公文，如会议纪要）。

第三节　公务文书的格式

公文的格式共包括三个部分：版头、主体和版记。下面分别来看每一部分都包括哪些内容。

一、版头部分

版头位于公文首页，红色分隔线以上的部分称为版头，亦称公文眉首由份号、密级和保密期限、紧急程度、发文机关标志、发文字号、签发人和分割线等构成。

1. 份号

如需标注份号，一般用 6 位三号阿拉伯数字，顶格编排在版心左上角第一行。

2. 密级和保密期限

涉及国家秘密的公文应当标明秘密等级和保密期限。密级一般分为"绝密""机密"和"秘密"三级。标识秘级用三号黑体字，顶格编排在版心左上角第二行；保密期限中的数字用阿拉伯数字标注，秘密等级和保密期限之间用"★"隔开。

3. 紧急程度

紧急公文应当根据紧急程度分别标明"特急""加急"。电报应当分别标明"特提""特急""加急""平急"。

如需标识紧急程度，一般用三号黑体字，顶格编排在版心左上角；如需同时标注份号、密级和保密期限、紧急程度，按照份号、密级和保密期限、紧急程度的顺序自上而下分行排列。

4. 发文机关标志

发文机关标志是公文制发机关的标记，由发文机关全称或规范性简称后加"文件"组成。对一些特定的公文可只标识发文机关全称或规范性简称，不加"文件"二字。机关的正式发文通常都设有版头，其作用在于表明公文的作者归属，显示正式公文的权威性与庄重性，表明公文性质或行文方向。

发文机关标志居中排布，上边缘至版心上边缘35mm，推荐使用小标宋体字，颜色为红色，以醒目、美观、庄重为原则。

联合行文时应使主办机关名称在前，"文件"二字置于发文机关名称右侧，上下居中排布；如联合行文机关过多，必须保证公文首页显示正文。

5. 发文字号

发文字号由发文机关代字、年份和序号组成。发文机关标志下空两行，用三号仿宋字，居中排布；年份、序号用阿拉伯数码标识；年份应标全称，用六角括号"〔 〕"括入；发文顺序号不加"第"字，不编虚位（即1不编为001），在阿拉伯数字后加"号"字。

6. 签发人

上报的公文标注签发人姓名，其作用在于表明机关发文的具体责任者，督导各级领导认真履行职责，提高公文质量，并为直接联系工作、迅速查询有关问题提供方便。

如需标识签发人姓名，由"签发人"三字加全角冒号和签发人姓名组成，居右空一字，编排在发文机关标志下空二行位置。"签发人"三字用三号仿宋体字，签发人姓名用三号楷体字。

如有多个签发人，签发人姓名按照发文机关的排列顺序从左到右、自上而下依次均匀编排，一般每行排两个姓名，回行时与上一行第一个签发人姓名对齐。

7. 版头中的分割线

发文字号之下4mm处居中印一条与版心等宽的红色分割线。

二、主体部分

1. 公文标题

公文标题应当准确、简要地概括公文的主要内容并标明公文种类。一般由"发文机关＋事由＋文种"构成。公文标题中除法规、规章名称加书名号外，一般不用标点符号。公文标题编排于红色分隔线下空二行位置，分一行或多行居中排布；回行时，要做到词意完整，排列对称，长短适宜，间距恰当，标题

排列应当使用梯形或菱形。

2. 主送机关

主送机关指公文的主要受理机关，应当使用全称或者规范化简称、统称。编排于标题下一行位置，居左顶格，回行时顶格，最后一个机关名称后标全角冒号。如主送机关名称过多导致公文首页不能显示正文时，应当将主送机关名称移至版记。

3. 公文正文

正文是公文主体部分的核心，也是公文结构的核心部分，其作用在于阐述公文内容、表达发文意图，使受文者对公文所表述的信息获得具体、明确的认识。一般使用三号仿宋体字，编排于主送机关名称下一行，每个自然段左空二字，回行顶格。文中结构层次序数依次可以使用"一、""（一）""1."
"（1）"标注；一般第一层用黑体字，第二层用楷体字，第三层和第四层用仿宋体。

4. 附件说明

公文如有附件，应当注明附件的顺序和名称。在正文下一行左空二字用三号仿宋体字标识"附件"，后标全角冒号和名称。附件如有序号使用阿拉伯数码标注，附件名称后不加标点符号。附件名称较长需回行时，应当与上一行附件名称的首字对齐。

5. 发文机关署名、成文日期和印章

（1）加盖印章的公文。

成文日期一般右空四字编排，印章用红色，不得出现空白印章。

单一机关行文时，一般在成文日期之上、以成文日期为准居中编排发文机关署名，印章端正、居中下压发文机关署名和成文日期，使发文机关署名和成文日期居印章中心偏下位置，印章顶端应当上距正文（或附件说明）一行之内。

联合行文时，一般将各发文机关署名按照发文机关顺序整齐排列在相应位置，并将印章一一对应、端正、居中下压发文机关署名，最后一个印章端正、居中下压发文机关署名和成文日期，印章之间排列整齐、互不相交或相切，每排印章两端不得超出版心，首排印章顶端应当上距正文（或附件说明）一行之内。

（2）不加盖印章的公文。

单一机关行文时，在正文（或附件说明）下空一行、右空二字编排发文机关署名，在发文机关署名下一行编排成文日期，首字比发文机关署名首字右移二字，如成文日期长于发文机关署名，应当使成文日期右空二字编排，并相应增加发文机关署名右空字数。

联合行文时，应当先编排主办机关署名，其余发文机关署名依次向下编排。

（3）加盖签发人签名章的公文。

单一机关制发的公文加盖签发人签名章时，在正文（或附件说明）下空二行右空四字加盖签发人签名章，签名章左空二字标注签发人职务，以签名章为准上下居中排布。在签发人签名章下空一行右空四字编排成文日期。

联合行文时，应当先编排主办机关签发人职务、签名章，其余机关签发人职务、签名章依次向下编排，与主办机关签发人职务、签名章上下对齐；每行只编排一个机关的签发人职务、签名章；签发人职务应当标注全称。

签名章一般用红色。

（4）成文日期中的数字。

用阿拉伯数字将年、月、日标全，年份应标全称，月、日不编虚位（即1不编为01）。

（5）特殊情况说明。

当公文排版后所剩空白处不能容下印章或签发人签名章、成文日期时，可以采取调整行距、字距的措施解决。

6. 附注

公文如有需要说明的其他事项，应加附注。附注居左空二字加圆括号标识在成文时间下一行。

7. 附件

附件应当另面编排，并在版记之前，与公文正文一起装订。"附件"二字及附件顺序号用三号黑体字顶格编排在版心左上角第一行。附件标题居中编排在版心第三行。附件顺序号和附件标题应当与附件说明的表述一致。附件格式要求同正文。

如附件与正文不能一起装订，应当在附件左上角第一行顶格编排公文的发文字号并在其后标注"附件"二字及附件顺序号。

三、版记部分

1. 版记中的分隔线

版记中的分隔线与版心等宽，首条分隔线和末条分隔线用粗线（推荐高度为 0.35mm），中间的分隔线用细线（推荐高度为 0.25mm）。首条分隔线位于版记中第一个要素之上，末条分隔线与公文最后一面的版心下边缘重合。

2. 抄送机关

抄送机关是指除主送机关外需要执行或知晓公文的其他机关，应当使用全称或者规范化简称、统称。

抄送机关位置在印发机关和印发日期上一行，左右各空一字用四号仿宋体字标识"抄送"，后标全角冒号。回行时与冒号后的首字对齐，在最后一个抄送机关后标句号。

3. 印发机关和印发日期

印发机关和印发日期一般用四号仿宋体字，编排在末条分隔线之上，印发机关左空一字，印发日期右空一字，用阿拉伯数字将年、月、日标全，年份应标全称，月、日不编虚位（即 1 不编为 01），后加"印发"二字。

版记中如有其他要素，应当将其与印发机关和印发日期用一条细分隔线隔开。

四、页码

一般用四号半角宋体阿拉伯数字，编排在公文版心下边缘之下，数字左右各放一条一字线；一字线上距版心下边缘 7mm。单页码居右空一字，双页码居左空一字。公文的版记页前有空白页的，空白页和版记页均不编排页码。公文的附件与正文一起装订时，页码应当连续编排。

第四节　公务文书的规范用语与行文规则

一、公文的规范用语

应用文要求规范性，其语言要求体现书面化、简约化的特点。为了更快地掌握这一特点，现列举一些常用的公文专用词语如下。

称谓用语：本（校）、你（公司）、该（处）、我（部）；

经办用语：经、业经、兹经；

引述用语：前接、近接、悉；

期请用语：即请查办、希即遵照、请、拟、希；

表态用语：照办、同意、不同意、可行、不可；

征询用语：当否、是否可行、可否、是否同意；

期复用语：请批示、请批准、请回复、请指示；

综述过渡用语：为此、对此；

结尾用语：为要、为盼、为荷（荷：贺音，承受恩惠，多用于书信，表示礼貌），特此通知（通报、通告）。

二、公文的行文规则

根据 2012 年发布的《党政机关公文处理工作条例》，公文有以下的行文规则。

（1）行文应当确有必要，讲究实效，注重针对性和可操作性。

（2）行文关系根据隶属关系和职权范围确定，一般不得越级行文，特殊情况需要越级行文的，应当同时抄送被越过的机关。

向上级机关行文，应当遵循以下规则。

（1）原则上主送一个上级机关，根据需要同时抄送相关上级机关和同级机关，不抄送下级机关。

（2）党委、政府的部门向上级主管部门请示、报告重大事项，应当经本级党委、政府同意或者授权；属于部门职权范围内的事项应当直接报送上级主管部门。

（3）下级机关的请示事项，如需以本机关名义向上级机关请示，应当提出倾向性意见后上报，不得原文转报上级机关。

（4）请示应当一文一事。不得在报告等非请示性公文中夹带请示事项。

（5）除上级机关负责人直接交办事项外，不得以本机关名义向上级机关负责人报送公文，不得以本机关负责人名义向上级机关报送公文。

（6）受双重领导的机关向一个上级机关行文，必要时抄送另一个上级机关。

向下级机关行文，应当遵循以下规则。

（1）主送受理机关，根据需要抄送相关机关。重要行文应当同时抄送发文机关的直接上级机关。

（2）党委、政府的办公厅（室）根据本级党委、政府授权，可以向下级党委、政府行文，其他部门和单位不得向下级党委、政府发布指令性公文或者在公文中向下级党委、政府提出指令性要求。需经政府审批的具体事项，经政府同意后可以由政府职能部门行文，文中须注明已经政府同意。

（3）党委、政府的部门在各自职权范围内可以向下级党委、政府的相关部门行文。

（4）涉及多个部门职权范围内的事务，部门之间未协商一致的，不得向下行文；擅自行文的，上级机关应当责令其纠正或者撤销。

（5）上级机关向受双重领导的下级机关行文，必要时抄送该下级机关的另一个上级机关。

同级党政机关、党政机关与其他同级机关必要时可以联合行文。属于党委、政府各自职权范围内的工作，不得联合行文。党委、政府的部门依据职权可以相互行文。部门内设机构除办公厅（室）外不得对外正式行文。

思 考 题

一、理解下列词语

（1）公务文书　　（2）上行文　　（3）下行文　　（4）平行文

（5）公文眉首　　（6）公文主体　　（7）公文版记

二、简答题

1. 简述公务文书的特点。

2. 请简述公务文书的作用。

3. 请写出 10 个常用的公文专用词语。

第三章 公务文书（二）

🔲 **学习重点**

> 掌握通知、公告、通报、决定的写作要求
>
> 了解通知、公告、通报、决定的分类与作用
>
> 熟悉常用公文的基本格式

🔲 **学习难点**

> 通知、公告、通报、决定的实际写作

第一节　通知和公告

一、通知

"通知"是人们日常工作、生活中接触最多的一个文种，有人称其为公文中的"轻骑兵"。通知的适用性很强，无论是安排事务、布置任务、传达命令还是人员任免，根据需要都可以选择"通知"这一文种。同时，通知对于使用者的要求也比较宽泛，国家机关可以使用，一般企事业单位可以使用，社会组织、小团体亦可使用。

为了更深刻地认识应用文是为处理事务而作，本书中将主要采用案例教学法的方式完成文种学习。在案例分析中，不仅强调写作时需要注意哪些事项，同时也引领读者开展对实际问题的全面分析，力争通过写作分析，了解分析问题、解决问题的基本思路，从而提升在实际生活中解决问题的能力。

（一）案例

案例 3 - 1　北京东方文化有限公司共有员工 40 人，2016 年公司经营状况实现了历史性突破。2016 年 12 月 18 日，公司经研究决定 2017 年 1 月 20 日前后组织全体员工赴海南公费五日游，旅游具体时间视机票购买情况确定。另外，旅游期间，将占用一天时间召开"继续拓展业务领域、实现公司跨越式发展"的内部研讨会。为了提高工作效率、确保活动顺利进行，总办决定以书面形式向全体员工传达这一事项。请你来完成这一项工作。

（二）案例分析

1. 事务处理的目标分析

本案例中事务处理的目标是把有关公司组织员工旅游的事情说清楚，让员工知道公司组织员工做什么，为什么这么做，什么时间去做，具体怎么做，组织者和被组织者应当如何相互配合，引导员工做好旅游的准备工作，以确保旅游活动能够顺利成行并获得成功。

2. 事务处理的要素分析

明确了做这件事要实现什么目标，接下来要分析事务处理过程中的各个要素是什么，它们之间有什么样的关系。只有把旅游活动的组织实施工作划分为若干方面和环节，依照特定的关系类别和先决后续的逻辑顺序加以落实，才能使活动有条不紊地展开。本案例中的事务处理需要考虑的问题包括以下五大方面。

（1）确定旅游的目的和性质。公司为什么组织旅游呢？肯定是跟公司的经济活动有关，其目的应该离不开为公司创造更大的效益。分析本次旅游活动，带有奖励全体员工的目的，同时还要借旅游加强公司员工之间的感情联络，再就是在旅游期间召开工作研讨会，进一步提升工作效率。因此，我们在处理这件事情的最初，就要把这一切深深地刻在脑中，不要因为我们的某一环节没处理好，而影响了事务目标的实现。

在信息传达中，必须将旅游的目的和性质说清楚，既然是公司提出承担旅游费用，那就必须对旅游费用的构成做出解释，哪些项目是公司承担，哪些项目是个人承担，以免造成误会，使好事做不出好的效果。

（2）确定旅游的参加人员。公司对参加旅游的人员构成有何具体要求？是全体员工必须无条件参加，还是可以由员工自愿选择？如果自愿选择，报名的人数比较少，会对研讨会产生何种影响？如果部分员工因放假期间还有工作需要处理而不能参加，如何处理？是否可以带家属？如果部分员工需要慎重考虑后才能做出决定是否参加，最后的报名日期是哪一天？员工报名参加的手续如何履行？向谁履行？谁来负责旅游的报名组织工作？

（3）机票、酒店的预订。机票和酒店的预订需要在确定参加人员之后才能安排。为了给机票和酒店的预订留有足够时间，报名工作必须有时间上的要求。但大家可能又要以出发时间来确定是否参团。因此，这就需要提前把某一时段的票价及机票预订情况先做一个了解，才能给出出行的大概时间表。（因为，我们都知道在市场经济条件下，有时，几天内同一航班的机票在价钱上可以相差不止50%）。另外需要考虑的是，机票的预订是需要旅客的身份证号码的，所以一定在通知中或者在报名工作进行中必须把这一数据统计好，免得麻烦。另外，机票、酒店预订后，可能会有个别人员因某种原因不能成行，那么在"通知"中也要把这一可能出现情况的处理办法交代清楚，这样一是为了减少员工的埋怨，二是也可以尽量保证大家都能按计划出行。

（4）对员工提前安排好旅游期间的工作作出要求。前面分析了这次旅行的目的是提升公司凝聚力，并由此提升公司效益。如果因为旅游而耽误了工作，那么实在是适得其反。因此，要求员工在报名时就要想好如何安排好出行期间工作是非常必要的。除了要对广大员工提出要求外，还应当重点对各部门负责人提出要求，促使其做好计划工作，并协调好本部门在工作与旅游之间产生的问题和矛盾。

（5）关于旅游期间研讨会的准备部署。案例中已明确提出，在旅游期间将用一天的时间召开"继续拓展业务领域、实现公司跨越式发展"的内部研讨会。因此，肯定在此通知中，要对研讨会的相关事项有所交代。如果是三言两语就可以说清楚的，那么就在通知正文部分交代；如果是准备工作比较复杂，那么就可以用附件形式来体现。

3. 事务处理的效果分析

使用文书处理公司事务是有效管理的必然选择。因为文书的使用是实现事务管理的一种重要手段，它是解决实际问题的有力武器。在着手组织旅游活动的事务中，写出的文书必须能满足事务管理的实际需要，实现不需要召集开会就能一次性将信息、指令和要求准确地传达到每个人，并且不再需要反复解释和反复催促，就能引起相关人员按照事务处理的规范逐步完成管理者的预期目标。只有达到这一效果，文书的写作与使用才能实现事务管理成本的降低和工作效率的提高。

在本案例中，要做到这一点，必须在文书写作中把注意事项说全、讲清。只有依照以上所述的目标分析、要素分析、效果分析的思路，环环相扣，才能尽量减少实际操作中的遗失与缺漏。在具体写作中要做到以下两点。

（1）信息的充分性。使用书面方式通知大家，就是为了提高事务管理的效率。如果信息传递不全面，就会使员工感到困惑不解或茫然失措，导致询问、求证、答复、解释等信息沟通的行为量增加，更为严重的是，大量员工可能未按照组织者预期的方式做出反应，甚至做出错误的反应而影响整个事务的进程。这就要求组织者必须对事务的处理有一个较为全面而细致的把握，时间上如何安排，手续上如何安排，应当注意什么问题，对员工有什么要求，有哪些因素可能会阻碍事务的进程，如何才能避免出现这些问题，都必须一一考虑到，否则就会影响到信息传达的效果，并可能造成工作中的被动，使旅游活动陷入不可预测的管理风险之中。比如，如果在通知中只关注了游玩的部分，忘了提起研讨会事宜，那么由于员工准备不充分，很可能影响到会议效果。或者，员工已经出发了，组织者才想起提醒员工会议之事，大家边玩儿边想，既没玩儿好，又没想好。

（2）信息的准确性。信息的准确性包含两个方面的含义：一个是组织者传达信息的准确性，另一个是广大员工接收信息的准确性。写作者在写作之前，首先要确认信息是否都已全面、准确。接下来，就要注意语言的表达，要对阅读者的阅读效果有所预判，如果实在没有把握，因为事情比较重大，不妨先请某一位同事看一下，做一个实际的测评，免得通知发下去了，发现问题再去弥补，麻烦就大了。

（三）写作分析

1. 文种的选择

前面我们已经提到了这一事务的处理，我们可以采用"通知"这一文种来完成。因为我们所要做的事情既包括事务告知，又包括任务部署。"通知"作为常用文种，恰好能很好地体现此双重功能。

通知"适用于批转下级机关的公文，转发上级机关，或不相隶属机关的公文，传达要求下级机关办理和需要有关单位周知或者执行的事项，任免人员"。通过这一概念，我们可以看到通知的使用范围相当广，而事实上，通知的确是我国现行公文中使用数量最多的文种，有统计数字显示，部分机关中接近90%的公文都是通知。另外，通知不受发文者的性质和级别限制，任何单位都可以根据需要灵活使用。再有，通知不受内容轻重繁简的限制，适用面相当宽。它既可下达上级要求，安排部署工作，又可联系相关对象，知照具体事宜，所以它兼具下行文和上行文的双重特性。具体可以分为五大类。

（1）批转性通知。指上级机关将下级机关所上报的文件批转给相关单位。这样就使下级机关的文件戴上了上级的"帽子"，代表了上级机关的意志与权威。

（2）转发性通知。指将上级或不相隶属机关的文件转发给相关单位。

（3）指示性通知。为体现上级的决定或传达上级的指示、布置，要求下级机关或有关单位办理、执行的事项，或主管部门向对口的下级指导业务等而发的通知。

（4）知照性通知。指通过此通知让有关方面或有关人员普遍知晓相关事宜。如调整办事顺序、设立机构等，也可以是要求受文单位在一定程度上参与的事宜。所以知照性通知是可平行，亦可下行的传达需周知事项的通知。

（5）任免通知。指向一定范围内传达对人员的任免事项，以履行规定的任免程序的通知。

此外，在实践中，通知还有两大主要的种类：印发性通知和会议通知。前者是为发布某些规章制度或下发某些文件的，后者则是通知相关人员参会的。

2. 格式的总体要求

通知的适用面很宽，写作内容也不尽相同，因此写作格式较灵活。写作时能够体现其实用性即可。也就是说，把要传递的信息完整、清晰地叙述明白即可。但作为公文，以下基本要素是不可或缺的：标题、受文对象、正文、发文机关、成文日期。这也是所有公文写作中必须体现的要素。

3. 标题的处理

公文的标题一般采用三段论形式，即为"发文机关＋发文事由＋文种"。但鉴于通知的种类复杂，其标题使用应本着简约、够用为原则，灵活处理。

如果是批转、转发、印发性的通知，在标题中应当标明所批转、转发或印发的文件名称。如《集团公司批转〈人事部关于加强录用人员安全生产教育的意见〉的通知》《省国税局关于转发〈国家税务总局关于商品混凝土征收增值税有关问题的通知〉的通知》《上海市人民政府办公厅关于印发〈上海市政府部门网站评议考核试行办法〉的通知》。

有时根据需要我们不得不写比较长的标题，比如，《关于某某部、某某总署、某某总局 2017 年第 17 号公告关于〈2017 年加工贸易禁止类商品目录〉的有关事项的补充通知》。但很多时候，我们还可以看到相当简短的标题，如

《会议通知》。这个差异也正表明了通知使用的广泛性与灵活性。

4. 受文对象

受文对象是绝大部分公文中都必须有的一个要素，它一般在标题下一行顶格书写。有时，我们也把这一部分称为"主送机关"，那收文者不是个人。

通知具有很强的告知性，所以一般来讲都要有受文对象，这样可以提起阅读者更深的重视。写作时要注意受文对象的写作要明确、具体。要体现其引起注意的相关作用。

本案例的受文对象是"公司各部门及全体员工"，传达到各部门是为了把组织旅游活动看作一件公事处理，部门负责人必须重视做好安排协调工作，传达到每一位员工是为了让公司全体员工意识到这次活动的群众性，每一位员工都是主人翁，淡化管理色彩，激发员工对通知内容的自觉关注。

5. 正文的行文逻辑结构

通知的使用是要简化工作，因此要避免出现歧义和信息不足的问题。正文是通知的核心内容，一般包括通知缘由、通知事项、通知要求三个部分。当遇到特殊情况时，应根据需要灵活处理。

正文的开头部分应说明事项的缘由、依据或目的。例如，"经公司董事会第10次全体会议研究决定……""为了进一步贯彻省政府有关精神，……"等，接下来就可以用"现将有关事项通知如下""为此特做如下通知"来过渡了。

正文的主体是所要通知的事项。如果事项比较复杂，那么应逐一分条列项来完成。这样，可以让阅读者一目了然，快速、准确地掌握所需信息。

通知的结语可根据内容灵活处理，可以做出强调、发出号召，也可只写"特此通知"或者根据全文结束而自然收尾。

本案例中，正文的行文逻辑按照以下顺序依次展开比较全面和清晰。

（1）告知员工公司将组织何种性质的旅游，基本信息包括：为何旅游、哪些人参加旅游、旅游的时间、旅游的地点、往返交通方式、住宿条件及旅游费用的承担等。

（2）告知员工旅游的报名条件、报名方式、相应的权利、义务。

（3）要求员工做好工作安排，既要保证旅游成行，又要保证工作不受影响，比如工作安排的原则以及出行的问题如何协调解决等。

（4）要求员工做好在旅游地参加公司内部研讨会的准备工作。比如，做何种准备，以何种形式做准备，相关要求是什么，不做准备如何处理等。

6. 签署

本案例中，落款要与发文单位或部门一致。如果是公司发文，当然就以公司的名义落款；如果是具体负责此次活动的部门发文，也可以以组织者名义发文，如"总经理办公室"。

需要注意的是，如果在标题中已经出现了发文主体的名称，一般就应当省略发文机关，仅以公章具结，然后标署发文日期。

（四）范文赏析

1. 指示性通知

从行文方向来看，以下范文为下行文。因此，全文语气明确、肯定，指令清晰，具有可操作性。文字简洁，充分体现书面化特点，多用数字"说话"，力求准确。文章逻辑清晰，层次分明。

国务院办公厅关于批准
泰安市城市总体规划的通知

国办函〔2017〕80 号

山东省人民政府：

你省关于报请审批泰安市城市总体规划的请示收悉。经国务院批准，现通知如下：

一、国务院原则同意《泰安市城市总体规划（2011—2020 年）（2017 年修订)》（以下简称《总体规划》)。

泰安是著名风景旅游城市、国家历史文化名城。《总体规划》实施要深入贯彻党的十八大和十八届三中、四中、五中、六中全会及中央城镇化工作会议、中央城市工作会议精神，认真落实创新、协调、绿色、开放、共享的发展理念，认识、尊重和顺应城市发展规律，坚持经济、社会、人口、环境和资源相协调的可持续发展战略，提高新型城镇化质量和水平，统筹做好泰安市城乡规划、建设和管理的各项工作，逐步把泰安市建设成为经济繁荣、和谐宜居、生态良好、富有活力、具有丰富文化底蕴的现代化城市。

二、重视城乡区域统筹发展。在《总体规划》确定的 2087 平方公里城市规划区范围内，实行城乡统一规划管理。加强城中村和城乡结合部地区的规划建设管理，城镇基础设施、公共服务设施的建设应当统筹考虑为周边农村提供服务。根据市域内不同地区的条件，重点发展县城和基础条件好、发展潜力大的重点镇，优化村镇布局，加强对村镇建设的指导，促进城乡基本公共服务均等化。加强泰安与周边城市分工合作，促进整体协调发展。

三、合理控制城市规模。到 2020 年，中心城区常住人口控制在 135 万人以内，城市建设用地控制在 150 平方公里以内。要贯彻落实城乡规划法关于先规划、后建设的原则，禁止在《总体规划》确定的建设用地范围之外设立各类开发区和城市新区。要落实好《总体规划》确定的城市开发边界，加强边界管控，促进城市紧凑布局。增强城市内部布局的合理性，提升城市的通透性和微循环能力。坚持节约和集约利用土地，严格控制新增建设用地，加大存量用地挖潜力度，合理开发利用城市地下空间资源，提高土地利用效率，切实保护好耕地特别是基本农田。

四、完善城市基础设施体系。要按照绿色循环低碳的理念规划建设城市基础设施。进一步完善公路、铁路等交通基础设施，做好支线机场规划，加强城市内外交通衔接。建立以公共交通为主体，各种交通方式相结合的多层次、多类型的城市综合交通体系，方便不同交通方式的换乘。统筹停车场规划布局，加快城市停车场建设。坚持先地下、后地上的原则，统筹规划建设城市供水水源和给排水、垃圾处理等基础设施，积极有序地开展地下综合管廊建设。划定基础设施黄线保护范围，加强对各类设施用地的规划控制和预留。高度重视城市防灾减灾工作，加强灾害监测预警系统和重点防灾设施的建设，建立健全包括消防、人防、防洪、防震和防地质灾害等在内的城市综合防灾体系。

五、建设资源节约型和环境友好型城市。要按照促进生产空间集约高效、生活空间宜居适度、生态空间山清水秀的总体要求，形成合理的城市空间结构，促进经济建设、城乡建设和环境建设同步发展。要切实做好节能减排工作，加快淘汰落后产能，严格控制污染物排放总量。加强城市环境综合治理，提高污水处理率和垃圾无害化处理率，限期达到《总体规划》提出的各类环境保护目标。划定城市蓝线保护范围，结合水域自然形态进行保护和整治，提高水资源利用效率和效益，建设节水型城市。推行低影响开发模式，推进海绵城市建设，积极发展绿色建筑。加强绿化工作，划定城市绿地系统的绿线保护范围。要加强对泰山、徂徕山等风景名胜区、自然保护区以及湿地、水源地等特殊生态功能区的保护，制定并严格实施有关保护措施。

六、创造优良的人居环境。要坚持以人为本，统筹安排关系人民群众切身利益的教育、医疗、市政等公共服务设施的规划布局和建设，进一步完善旅游服务设施。将城市保障性住房的建设目标纳入近期建设规划，确保保障性住房用地的分期供给规模、区位布局和相关资金投入。加快棚户区、城中村、城乡危房改造及配套基础设施建设，根据城市的实际需要与可能，稳步推进城市有机更新。不断完善城市管理和服务，提高城市发展的宜居性，努力把城市建设成为人与人、人与自然和谐共处的美丽家园。

七、重视历史文化和风貌特色保护。要统筹协调发展与保护的关系，按照整体保护的原则，切实保护好城市传统风貌和格局。要进一步完善历史文化名城保护专项规划，落实历史文化遗产保护和紫线管理要求，重点保护好泰山世界文化与自然遗产、历史城区、历史文化街区、传统村落，大汶口遗址、岱庙等各级文物保护单位及其周围环境。要做好城市整体设计，加强对重要地段建筑高度、体量和样式的规划引导和控制，保护好山水格局，突出人文景观与自然景观有机交融、历史文化与现代文明交相辉映的城市特色风貌。

八、严格实施《总体规划》。城市建设要实现经济社会协调发展，物质文明和精神文明共同进步。城市管理要健全民主法治，坚持依法治市，构建和谐社会。《总体规划》是泰安市城市发展、建设和管理的基本依据，城市规划区内的一切建设活动都必须符合《总体规划》的要求。要结合国民经济和社会发展规划，明确实施《总体规划》的重点和建设时序。城市规划行政主管部门要依法对城市规划区范围内（包括各类开发区）的一切建设用地与建设活动实行统一、严格的规划管理，市级城市规划管理权不得下放，切实保障规划的实施。要加强公众和社会监督，提高全社会遵守城市规划的意识。驻泰安市各单位都要遵守有关法规及《总体规划》，支持泰安市人民政府的工作，共同努力，把泰安市规划好、建设好、管理好。

泰安市人民政府要根据本通知精神，认真组织实施《总体规划》，任何单位和个人不得随意改变。你省和住房城乡建设部要加强对《总体规划》实施工作的指导、监督和检查。

国务院办公厅

2017 年 8 月 11 日

2. 发布类通知

下文属于发布类通知，主体内容简洁、明确。同时，将发布内容连同"通知"一起印发。

国务院办公厅关于印发
《港澳台居民居住证申领发放办法》的通知

国办发〔2018〕81 号

各省、自治区、直辖市人民政府，国务院各部委、各直属机构：

《港澳台居民居住证申领发放办法》已经党中央、国务院同意，现印发给你们，请认真贯彻执行。

国务院办公厅
2018 年 8 月 6 日

（此件公开发布）

港澳台居民居住证申领发放办法

第一条　为便利港澳台居民在内地（大陆）工作、学习、生活，保障港澳台居民合法权益，根据《居住证暂行条例》的有关规定，制定本办法。

第二条　港澳台居民前往内地（大陆）居住半年以上，符合有合法稳定就业、合法稳定住所、连续就读条件之一的，根据本人意愿，可以依照本办法的规定申请领取居住证。

未满十六周岁的港澳台居民，可以由监护人代为申请领取居住证。

第三条　港澳台居民居住证登载的内容包括：姓名、性别、出生日期、居住地住址、公民身份号码、本人相片、指纹信息、证件有效期限、签发机关、签发次数、港澳台居民出入境证件号码。

公民身份号码由公安机关按照公民身份号码国家标准编制。香港居民公民身份号码地址码使用 810000，澳门居民公民身份号码地址码使用 820000，台湾居民公民身份号码地址码使用 830000。

第四条　各级公安机关应当积极协调配合港澳事务、台湾事务、发展改革、教育、民政、司法行政、人力资源社会保障、住房城乡建设、交通运输、卫生健康等有关部门，做好居住证持有人的权益保障、服务和管理工作。

第五条　各级公安机关应当建立完善港澳台居民居住证管理信息系统，做好居住证申请受理、审核及证件制作、发放、管理工作。

第六条　港澳台居民居住证的有效期限为五年，由县级人民政府公安机关签发。

第七条　港澳台居民居住证采用居民身份证技术标准制作，具备视读与机读两种功能，视读、机读的内容限于本办法第三条规定的项目。

港澳台居民居住证的式样由公安部商国务院港澳事务办公室、国务院台湾事务办公室制定。

港澳台居民居住证由省级人民政府公安机关统一制作。

第八条　港澳台居民申请领取居住证，应当填写《港澳台居民居住证申领登记表》，交验本人港澳台居民出入境证件，向居住地县级人民政府公安机关指定的公安派出所或者户政办证大厅提交本人居住地住址、就业、就读等证明材料。

居住地住址证明包括房屋租赁合同、房屋产权证明文件、购房合同或者房屋出租人、用人单位、就读学校出具的住宿证明等；就业证明包括工商营业执照、劳动合同、用人单位出具的劳动关系证明或者其他能够证明有合法稳定就业的材料等；就读证明包括学生证、就读学校出具的其他能够证明连续就读的材料等。

第九条　居住证有效期满、证件损坏难以辨认或者居住地变更的，持证人可以换领新证；居住证丢失的，可以申请补领。换领补领新证时，应当交验本人港澳台居民出入境证件。

换领新证时，应当交回原证。

第十条　港澳台居民申请领取、换领、补领居住证，符合办理条件的，受理申请的公安机关应当自受理之日起20个工作日内发放居住证；交通不便的地区，办理时间可以适当延长，但延长的时间不得超过10个工作日。

第十一条　港澳台居民在内地（大陆）从事有关活动，需要证明身份的，有权使用居住证证明身份，有关单位及其工作人员不得拒绝。

第十二条　港澳台居民居住证持有人在居住地依法享受劳动就业，参加社会保险，缴存、提取和使用住房公积金的权利。县级以上人民政府及其有关部门应当为港澳台居民居住证持有人提供下列基本公共服务：

（一）义务教育；

（二）基本公共就业服务；

（三）基本公共卫生服务；

（四）公共文化体育服务；

（五）法律援助和其他法律服务；

（六）国家及居住地规定的其他基本公共服务。

第十三条　港澳台居民居住证持有人在内地（大陆）享受下列便利：

（一）乘坐国内航班、火车等交通运输工具；

（二）住宿旅馆；

（三）办理银行、保险、证券和期货等金融业务；

（四）与内地（大陆）居民同等待遇购物、购买公园及各类文体场馆门票、进行文化娱乐商旅等消费活动；

（五）在居住地办理机动车登记；

（六）在居住地申领机动车驾驶证；

（七）在居住地报名参加职业资格考试、申请授予职业资格；

（八）在居住地办理生育服务登记；

（九）国家及居住地规定的其他便利。

第十四条　国家机关及其工作人员对在工作过程中知悉的居住证持有人个人信息，应当予以保密。

第十五条　港澳台居民居住证持证人有下列情形之一的，其所持居住证应当由签发机关宣布作废：

（一）丧失港澳台居民身份的；

（二）使用虚假证明材料骗领港澳台居民居住证的；

（三）可能对国家主权、安全、荣誉和利益造成危害的；

（四）港澳台居民出入境证件被注销、收缴或者宣布作废的（正常换补发情形除外）。

第十六条　违反规定办理、使用居住证的，依照《居住证暂行条例》的有关规定予以处罚。

国家机关及其工作人员违反居住证管理相关规定的，依法给予处分；构成犯罪的，依法追究刑事责任。

第十七条　首次申请领取居住证，免收证件工本费。换领、补领居住证，应当缴纳证件工本费。具体收费办法参照《居住证暂行条例》的有关规定执行。

第十八条　港澳台居民迁入内地（大陆）落户定居的，按照有关规定办理，不适用本办法。

第十九条　本办法所称"港澳台居民"是"港澳居民"和"台湾居民"

的统称。其中，"港澳居民"是指在香港、澳门特别行政区定居且不具有内地户籍的中国公民；"台湾居民"是指在台湾地区定居且不具有大陆户籍的中国公民。

本办法所称"港澳台居民居住证"，包括中华人民共和国港澳居民居住证、中华人民共和国台湾居民居住证。

本办法所称"港澳台居民出入境证件"，包括港澳居民来往内地通行证、五年期台湾居民来往大陆通行证。

第二十条　省、自治区、直辖市人民政府可以结合本行政区域综合承载能力和经济社会发展需要等因素，根据本办法制定实施细则。

第二十一条　本办法自2018年9月1日起施行。

3. 事务类通知

事务类通知使用比较广泛，是向阅读者告知一些需要周知并参与其中的通知类别。这类通知中应当详细说明事务具体情况，如何参与其中。下文是关于举办研修班的通知，从课程安排、招生条件、报名要求等方面都进行了详细说明。推荐表、报名表则以附件形式随正文一并发布。

关于举办第十六期"北京市职工文学创作研修班"的通知

各区、局、总公司党委宣传部、工会、文联：

为贯彻落实习近平总书记在文艺工作座谈会上的重要讲话和在中国文联十大、中国作协九大开幕式上重要讲话的精神，发现和培养广大职工文学爱好者中的文学创作人才，建立一支坚持以"人民为中心"的创作导向、具有较高文学艺术水准的职工文学创作队伍，促进文艺事业繁荣发展，创作生产更多弘扬中国精神、讴歌我市人民群众追梦圆梦精神的优秀作品，市委宣传部、市总工会、市文联定于2017年9月举办为期一年的第十六期"北京市职工文学创作研修班"。

一、课程安排

"北京市职工文学创作研修班"由市委宣传部、市总工会、市文联创办于1996年，20年来已累计招收、培养近2000名来自各行各业的职工文学爱好者，已有约60人被北京作家协会吸纳为会员，20余名作家加入中国作家协会。2003年，研修班被中华全国总工会授予"全国职工文学创作示范基地"荣誉称号。

第十六期北京市职工文学创作研修班将参照以往行之有效的做法，努力抓好首都职工文学普及、提高、创作工作；继续开展以业余文学普及为主旨的"名家大讲堂"，主讲"时代·人民·文学创作"系列课题；创办专题创作研修班，包括讲述"北京故事""职工故事"的报告文学专题创作研修班，以及"如何在新时代、新媒体平台进行职工文学创作"的网络文学专题创作研修班；对于学员创作的优秀作品，在发表和出版方面将给予扶持。

二、招生条件

第十六期北京市职工文学创作研修班成员招生条件如下：

1. 拥护党的路线方针政策，坚持"二为"方向和"双百"方针，坚持正确导向；

2. 遵守国家的法律法规，具有良好的思想品德和职业道德，身体健康，能坚持参加研修班的学习和各项活动，年龄在18~60岁的职工文学创作者；

3. 具有一定的文学创作基础，在省、市级或本行业报刊上公开发表过文学作品（包括小说、诗歌、散文、报告文学或剧本等）；

4. 报名参加报告文学和网络文学专题创作研修班，需提交过往作品电子版及作品获奖、发表情况。

三、报名要求

1. 各区、局、总公司党委宣传部和工会负责推荐5名学员参加第十六期职工文学创作研修班，推荐2名学员参加第十六期职工文学专题创作研修班（报告文学班和网络文学班），并认真填写《北京市职工文学创作研修班学员推荐表》和《北京市职工文学专题创作研修班学员推荐表》（附后），于2017年8月25日前送到北京市劳动人民文化宫教育辅导部。专题创作研修班学员需同时报送过往作品及作品获奖、发表情况至邮箱 whgyanxiuban@163.com。

2. 被推荐人员经审核认定后，成为研修班学员，可办理报名交费手续。各类研修班资料费、报名费300元。

报名时间：2017年7月24日~8月25日

每周一至周五9：30—16：00

报名地点：劳动人民文化宫教育辅导部

3. 授课安排。

本期研修班授课地点：北京市劳动人民文化宫

授课时间：创作研修班周六上午9：30—11：30

专题创作研修班周六下午14：00—16：00

联系人：王老师联系电话：65116742

附件：1.《第十六期北京市职工文学创作研修班学员推荐表》

2.《第十六期北京市职工文学专题创作研修班学员推荐表》

中共北京市委宣传部

北京市总工会

北京市文联

2017 年 7 月 14 日

（五）通知写作注意事项

（1）内容清楚、明确。

交代的事项、要求、所涉及的对象、时间都应准确。这是通知的生命力所在。语言使用上要避免歧义句的出现，避免模棱两可话语的使用。

（2）要根据需要确定具体文种。

由于通知种类较多，写作时首先应该考虑文种对应的正确性，"批转""转发""印发"等都有界限，不可随意使用。被批转、转发或印发的文件是通知的有机组成，或在正文中呈现，或以附件形式出现。通知的标题写作要谨慎，既要明确关系，又要简洁清楚，不能在多重关系的标题中混乱一片。

（3）如果是在外地举行的或多日性的会议，其通知应附有回执，以利于会议的组织者和与会者提早做出安排。

二、公告

（一）公告的概念和特点

依照《国家行政机关公文处理办法》所述，公告"适用于向国内外宣布重要事项或者法定事项"。这些事项具体包括以下三种类型。

1. 需要公知的国家事务

比如全国人民代表大会及常务委员会的公告，国务院的公告等。这些公告涉及的都是全国范围内甚至全世界范围内需要人们周知的事项。

2. 需要公知的司法事务

比如人民法院依据司法程序需要公开告知的事务，就要采用司法公告的形式公布，常见的司法公告包括送达公告、开庭公告、执行公告、破产公告等。

这类公告的范围视情况而定，一般是在法院级别管辖或专属管辖范围内公布，但根据需要也可以在全国范围内公布。如果公布范围不容易确定，还是选择在全国范围内公布为妥。公告媒介最好是人民法院报刊或其他全国性报刊，在当事法院公告栏也应当对公告事项予以张贴。

3. 企事业单位和社会团体依法必须公开告知的经营管理事务这类采取公告方式向社会公开信息的事务往往是由法律规定的，如果未采取公告形式公布这些信息，那么将会引发较为严重的法律后果。股份公司临时股东大会公告、股权变更公告、债权申报公告、上市公告、退市公告、公司分立公告、减资公告、清算公告、注销公告等都是《公司法》的强制要求。比如，《公司法》第 105 条明确规定，召开股东大会，应当将会议审议的事项提前通知股东，如果公司发行无记名股票的，告知应当以公告形式作出。再比如，《招投标法》要求公开招标的招标方须采取公告的形式向社会公开招标信息。这类公告一般要在全国范围内公布，情况特殊的，也可以在特定区域范围内发布。

根据公告的概念，可以分析出公告的特点有以下两个方面。

一是公告的传播范围最广。公告是向国内外告知重大事项时使用的。因此，它的告晓范围在公务文书中属于最广泛的一类。同时，告晓方式也相对特殊，大部分公告会通过电视、广播、报纸等新闻媒介来实现，另外张贴公告也经常被使用。

二是公告的事项都比较特殊。虽然可能不具有强制性，但都十分庄重，一定是需要广泛公开的事项。否则，一般事项是不得使用公告来发布的。在日常生活中，我们经常会看到"公告"被误用的现象，其实很多时候我们应该选用"通知""通告"等文种，而非"公告"来完成发布。

（二）公告的结构和写法

公告是规范性很强的一个文种，因此其结构变化较少，写法比较单一，相对容易掌握。

1. 标题

一般来说，公文的标题都是由三部分组成的，即发文机关＋事由＋文种。但作为公告，既可以采用完整的三段式标题，如《北京奥运会票务中心关于门票销售第一阶段付款截止日期的公告》；又可以根据需要采用简略式标题，可以只有发文机关和文种，如《北京市人民政府公告》，也可以只由事由和文种来构成，如《关于禁止使用二甘醇作为牙膏原料的公告》；甚至还可以直接使用《公告》作为标题，这种形式也比较常见。之所以可以使用"公告"作为标题，是由于公告的眉首部分往往标注了发文机关标识和发文字号等信息，没有必要再重复。

2. 受文对象

除部分司法公告外，大部分公告无明确受文对象，属于普发性文书，这是公告特点的体现。

3. 正文

公告的正文包括公告的依据和所公告的事项。由于公告的事项一般都比较重要，所以要在文字上力求简明、规范、准确，不可有繁枝缛节，一定要重点突出，一目了然。

4. 结语

公告的结语一般要求使用"现予公告""特此公告"来实现，这可以更显其庄重性。

5. 签署

在报章等社会公开传媒上发布的公告如果在其标题中已有发文机关的名称，文末可以不再书写发文机关，直接书写成文日期再加盖公章即可。

（三）公告范文赏析

简析：下文属于普发类事务公告。因此，文章无明确受文对象，直接进入公文正文。正文中说明发布公告的依据与具体事项，只做明确陈述，不做任何评论。文章签署只标注成文日期即可。

北京市民政局2017年公开遴选公务员综合成绩公告

按照《北京市2017年市级机关公开遴选公务员工作实施方案》有关要求，北京市民政局公开遴选公务员笔试、面试和综合评价工作已经结束。笔试成绩、面试成绩、综合评价得分按照4∶4∶2的比例计算综合成绩，现将综合成绩进行公告。详见附件。

附件：北京市民政局2017年公开遴选公务员综合成绩

2017 年 7 月 3 日

（四）公告的写作注意事项

1. 切忌滥用"公告"

日常生活中滥用公告的现象屡见不鲜。使用者总是认为自己发布的事项足够重要，但却忽略了发布范围，要向国内、外告晓的事项才可以使用公告。

2. 谨记公告正文要求

因为公告内容往往事涉重大，公告的文字必须严谨缜密，合乎语法规范。

第二节　通报和决定

一、通报

（一）通报的适用范围和特点

依照《国家党政机关公文处理工作条例》所述，通报"适用于表彰先进，批评错误，传达重要精神或情况"。无论是表彰还是批评或传达，一个"通"字使我们认识到，通报是一种具有周知性的下行文。

通报往往是领导机构为了将自己的意志下达而发文的，因此它具有较强的导向性。表扬或批评都是为了树立一种导向性的标志，起到宣传或警戒的作用；而情况通报则是对具有普遍意义的事情做出指导意见。由于通报具有导向性，因此在实践中它必然地具有了政策性，下级机构和群众往往从通报中读出有关的要求和政策，作为自己行动的依据。可见，通报的写作必须实事求是，注重具体事件，用事实来教育群众，引导群众。

（二）通报的种类

我们从通报的适用范围可以将通报分为：表彰性通报、批评性通报和情况通报。

1. 表彰性通报

主要用于表彰那些在不同的岗位上做出优秀成绩的集体或个人。可以是一贯的、常规的工作岗位上的先进，也可以是在突发事件中涌现的好人好事。表彰性通报有利于激发群众的热情和积极性。例如，当国家遭遇各种灾害时，我们伟大的武警官兵势必要担负起抗灾救灾的重任。在这个过程中，肯定会涌现出很多感人事迹。政府需要在这个过程中，选取典型事例，发布表彰性通报，这既是对相关人员的激励与表扬，又可以鼓舞其他同志以更大的热情投入救灾工作中去。

2. 批评性通报

用于对各种违纪、违规现象和错误、消极行为的批评。批评性通报既可以针对个人，也可以针对群体。批判性通报通过对较具典型性的错误现象或错误行为的批评而起到教育广大群众的正面作用。在各个高校，每到期末考试阶段，都会有批评性通报出现，而且这类通报常常是在考试初期就发布，其写作目的，既是对犯错误同学提出批评、教育，同时也是对其他同学的一个警示。

3. 情况通报

情况通报是将一个阶段内的某一重要情况向相关方面通气、报道，既可起到上情下达、此情彼达的信息交流作用，又可以体现上级意志，统一认识，相互协调，更好地贯彻、执行有关的方针政策。

（三）通报的结构与写法

1. 标题

通报的标题可以采用三段式，也可以根据需要酌情省略。在通报的标题中应明确此份通报的类型性质，让阅读者一目了然。

2. 主送机关

通报是下行文，而且一般都是普发文件，所以主送机关常常是发文机关的所有下属单位。另外，有时为了让广大群众都了解情况，受到教育，通报会直接面向所有大众。这两种情况下，往往可以省略主送机关不写。

3. 表彰性通报和批评性通报的正文

表彰性通报和批评性通报的写法基本一致，其行文逻辑体现如下。

（1）序言。概说事件和结论以表明发文者的基本态度，接着就用过渡性话语如："现通报如下"或"特作如下通报，望各单位引以为戒"等引出下文。

（2）事件。将所要通报的事件做简明而具体的介绍。时间、地点、所涉人员、事件经过、结果等都应准确无误，以彰显发文机关的权威性，并使群众信服。

（3）评论。无论是表彰还是批评，都不能简单就事论事，而应有发文者的简洁有力的评论，以正确导向，引领群众。评论必须恰如其分，切中要害。既不能大题小做，也不能无限上纲。

（4）结论。对被表彰或批评的对象做出表彰或批评的决定。应写明具体的结果，如什么样的奖励、什么样的处罚，并可根据具体情况将表彰或批评分成几种不同的层次，分别对所涉人员做出，也可根据事实，做出"予以通报表扬"或"予以通报批评"的决定，因为"被通报"本身就是一种组织意志、组织认定的体现。

（5）结语。通报的结语视情况而定。一般表彰性通报，可以向群众发出学习的号召，而批评性通报则可以要求群众引以为戒。但结语不宜过长。

4. 情况通报正文

情况通报可根据通报的情况不同而分为两类：一类是对特定具体情况的通报；另一类是对普通情况的综合通报。

（1）关于特定具体情况的通报的正文。一般包括以下三个方面的内容：对突发事件的具体调查情况说明、对突发事件的处理情况、针对突发事件产生的影响并提出今后的工作要求或者相应问题的解决措施。

（2）关于普通情况的综合通报的正文。一般只是要求把事情做一实事求是的通报即可，不需要做过多的分析与评论，内容的叙述是重点。在事件通报后，也很少提要求，而常常做简短提示和警告。这类通报的使用频率不是很高。

5. 发文机关及成文日期

在对内的、面向基层的张贴式通报中，如在标题中已有发文机关名称，则在最后签署时只标注成文日期即可。

（四）通报范文

关于北京贵宾楼饭店宴会班组荣获
"2015—2016 年全国青年文明号"的通报

根据《关于命名 2015—2016 年度全国青年文明号的决定》（中青联发〔2017〕5 号）文件内容，为树立宣传典型、激励表彰先进，经严格审核、择优遴选、社会公示，共青团中央等 22 个单位决定，命名 1759 个青年集体为"2015—2016 年全国青年文明号"。

在旅游系统中，我市北京贵宾楼饭店宴会班组被命名为"2015—2016 年全国青年文明号"。

希望北京贵宾楼饭店宴会班组珍惜荣誉、再接再厉，充分发挥先进示范作用，希望各旅游企业积极学习借鉴他们的创建经验，共同建树新时期的职业文明，持续传播先进的职业理念，为我市旅游发展做出更大的贡献！

特此通报。

北京市旅游发展委员会

2017 年 5 月 24 日

（五）通报写作的注意事项

1. 典型性

无论是哪一种通报，在材料的选取上都要注意体现典型性。这样才能实现发布通报的根本目的。

2. 时效性

通报要及时，这是由通报的特点及写作目的共同决定的。不仅定期的情况通报不能拖期，突发事件的通报更要及时、准确，这样才能起到警示作用。当然，表彰性通报和批评性通报也有同样的要求。

3. 叙述与评论相结合

在通报的写作中，切忌长篇大论地讲道理，当然有时只有对事实的叙述也是不够的。因此，要求写作者要把握好叙述与评论的使用，使通报的写作实现用最经济的文字表达最充分的思想。

二、决定

（一）决定的概念

依照《国家行政机关公文处理办法》所述，决定"适用于对重要事项或者重大行动做出安排，奖惩有关单位及人员，变更或者撤销下级机关不适当的决定事项的公文"。

通过这一概念的描述，我们可以清晰地感受到"决定"是针对重大事项做出的具有权威性的决策，是决议性的下行文书，具有较强的指示性。决定一经传达，便没有任何可以商量与变更的余地。因此，决定的写作要求行文必须明确，不能模棱两可。

（二）决定的分类

根据决定内容的不同，决定可以分为以下三大类。

1. 处置性决定

处置性决定就是处理、布置并告知具体事项的决定。处置性决定可细分为处理决定、表彰决定、处分决定、处罚决定和检查决定等。

处理决定是对具体事项的处理，包含对人和事的处理。它有别于处罚和处分，只是对事务或人员做出处置和安排。表彰决定很明显是用于对单位或个人做出表彰的决定，如《关于表彰 2016 年度科研先进个人的决定》。处分决定是针对单位内部、组织内部或系统内部的工作人员做出行政或纪律处分的决定。处罚决定是行政机关在行政管理行为中，依照《中华人民共和国行政处罚法》及相关法律、法规，使用行政处罚决定书对行政相对人的违法行为做出行政处罚。在此类决定书的使用过程中，被处罚的行政相对人有权依据《行政复议法》对决定书提出行政复议或行政诉讼。但复议或诉讼期间该决定不停止执行。也就是说，这种决定书可能会通过法定程序加以撤销或变更。这是它与一般"决定"明显不同的地方。检察决定是一类由法律规定的特殊决定，主要是在刑事案件办案过程中由检察院对重大事项做出的特殊处理决定。比如，批准逮捕决定书、复议决定书等。

2. 公布性决定

公布性决定就是由某个会议直接公布某个议案的具体内容的决定或直接公布某一机构对某一问题的处理决定。

3. 部署性决定

部署性决定就是对重大行动做出安排的决定。这些决定，有的是机关直接发出的，有些特别重大的行动是由机关制文并经会议讨论通过方可发出。这一类决定有很强的指挥性。通过决定的发布，可以起到引导下级开展、实施或完成某一特定工作的目的。

（三）决定的格式与写法

1. 标题及题下标示

决定的标题一般由发文机关、事由、文种三要素构成，与一般公文不同的是，要在标题下标明成文时间。如：

国务院关于修改《中华人民共和国某某法实施细则》的决定

（二〇一六年一月九日）

2. 主送机关

如果该决定是在一定范围内发送的，要写主送机关。如果该决定属于普发性公文，一般可省略主送机关。

3. 正文

决定的正文，一般由原因和事项两部分组成。

原因部分要简明扼要地写明做出这一决定的依据和理由。事项部分要直截了当地写明所决定的具体事项。如果有必要的话，还可再加上第三部分内容就是"希望和要求"。具体写些什么，要根据需要灵活掌握。

由于决定具有决策性、权威性、直接性，因此在写作上特别强调要行文简洁明确，用语要十分准确，以便贯彻执行。表彰、处分等决定对人和事的评价要实事求是，恰如其分。

（四）决定范文

北京市教育委员会关于认定王玲湘等 58 名同志
为北京市特级教师的决定

京教人〔2015〕3 号

有关区县教委：

你区县关于重新认定特级教师的请示收悉。根据市教委、市人力社保局、市财政局印发的《北京市特级教师管理办法》（京教人〔2008〕10 号）的规定，外省市特级教师调入本市须进行重新认定后，方可享受本市特级教师的相关待遇。

经北京市特级教师重新认定专家组的评议，市教委审核，同意认定清华大学附属小学王玲湘等 58 名同志（具体名单见附件）为北京市特级教师，从 2015 年 1 月 1 日起享受北京市特级教师待遇。

附件：2014 年经市教委同意重新认定特级教师名单

北京市教育委员会
2015 年 2 月 16 日

本 章 测 试

一、简答题

1. 请简要介绍通报的种类。

2. 请简要介绍决定的种类。

二、写作练习

请完成案例 3 – 1 "通知"的写作任务。

三、阅读训练

请结合各文种的讲解，认真阅读通知、公告、通报、决定每一文种至少一篇范文。

第四章　公务文书（三）

学习重点

　　掌握报告、函的写作要求
　　了解报告、函的分类及特点
　　熟悉报告、函的使用范围及使用效果

学习难点

　　掌握报告、函的实际写作能力

第一节　报告的写作

一、报告的分类及特点

　　依照《国家党政机关公文处理工作条例》所述，报告"适用于向上级机关汇报工作，反映情况，答复上级机关的询问"。根据对这一定义的理解，可以将报告分为三大类。

　　1. 工作报告。向上级机关汇报工作的报告。汇报者主动按照工作程序的要求向上级汇报工作。根据汇报内容不同又可分为职责范围内整体工作的阶段性汇报和专项事务进展完成情况的汇报两大类。在不同的工作机构中呈现出不同的公文种类。

　　（1）政府工作报告。每年我们都可以看到国务院的政府工作报告。政府工作报告是向同级人大做出，向人大汇报工作。当然，政府下属部门也需要做工作报告，这种报告或者直接向上级行政管理机关做出，或者向人大做出。比如，北京市人大常委会主任在 2010 年 1 月 17 日召开的北京市第十三届人民代表大会第三次会议上所做的《北京市人民代表大会常务委员会工作报告》就是此类的典型报告。

（2）法院、检察院的报告。它在公文系列上与政府工作报告相类似。另外，海关总署、审计署、外交部、商业部、公安部等国务院职能机构的工作报告均向国务院做出。

（3）一般机关的工作报告。行政主管部门要求在其权力管辖范围内的下属企事业单位或社会团体汇报某一方面工作情况或综合工作情况，下属单位也应当采用这种形式向其做出汇报。上市公司中报和年报也属于这种类型的报告。

常规性工作报告主要是针对某一阶段内的工作总体情况做出，所以往往是综合性报告，内容较全面，是一段时间内的总体工作情况的总结。

2. 情况报告。也叫专题报告。是对发生的某一正面或负面的情况进行专门的分析报告。一般是对工作中的偶发或突发事件的报告。目的是为了及时向上级反映情况，使上级领导及时掌握情况，从而便于做出宏观决策和安排。

反映情况的报告一般都是针对具体的问题、事件、情况做出，内容较单一，针对性很强。

3. 答复报告。是指针对上级机关的询问进行答复的报告。包括回复上级领导人的批示，汇报自己如何处理上级文件，或汇报自己完成上级交办事项的过程和结果。

这里所谓的询问是针对具体现象、事件或具体工作，不是抽象的行政要求或企事业单位的内部管理要求。比如，根据上级机关的要求，下属单位每年年终要做年度工作报告，或者根据法律的规定，上市公司所做的年中报和年报，都不属于这一类，而应划归工作报告。

如果询问的内容是综合性的，做出的答复报告就应该是综合性的，如果询问的问题是专题性的，做出的答复报告也就应该是专题性的。因此，询问的内容决定了答复报告的内容与性质。

二、案例讲解

（一）案例

案例 4 - 1　北京欣发电子科技发展有限公司的主营业务是生产和销售安全牌电子报警器，售后服务部在工作中获得的市场反馈信息表明，自 2016 年

1 月至 2016 年 5 月，该款电子报警器被客户退换货的情况呈上升趋势，远远超过了 2015 年全年退换货的总量。根据退换货记录，客户退换货的理由主要是产品存在严重质量问题，不报及误报率比较高。售后服务部一直按照公司的销售承诺严格执行退换货制度。但售后服务部王经理还是认为，应当将此情况上报公司总经理，以便公司尽早采取有效措施改变现状，保障消费者对产品的满意度。王经理该以何种方式向公司上报这一情况？

案例 4 - 2　北京欣发电子科技发展有限公司人力资源部在 2016 年 4 月完成了公司岗位定编及各部门定编、各部门所需人员的招聘后，将工作情况汇报给总经理，这份汇报工作的文件是什么？应该怎么写？

案例 4 - 3　由于北京欣发电子科技发展有限公司产品研发部未能在 2016 年 11 月完成新产品的预定研发工作，所以总经理要求产品研发部提交一份书面文件，详细说明研发工作的具体进展和计划未能实现的原因。这份文件属于什么性质的文件？研发部经理应该如何撰写这份文件？

（二）案例分析

1. 案例 4 - 1 分析

（1）事务处理的目标分析。

退换货数量持续上升，意味着产品的社会信用开始降低。如果公司不能及时了解这种情况，那么就会导致非常严重的市场后果。由于客户退换货一般需要通过售后服务部，因此售后服务部是公司获得客户反馈信息最多的部门。王经理作为售后服务部经理，有责任将工作中发现的市场异常变动及时向公司汇报。

这份汇报文件应该是针对特殊情况做出的情况报告，而非一般的工作报告。

汇报的目的并不在于向公司最高管理层汇报本部门的工作情况或工作业绩，而是将电子报警器退、换货比例发生异动的情况反映给公司，使公司及时了解相关信息，并采取适当措施予以解决。除了反映情况这一根本目的外，售后服务部对产品退、换货情况的汇报还隐含着另外一个目的，那就是要让公司看到售后服务部的工作是合格的，甚至是优秀的。作为一个并不直接产生利润的部门，售后服务部必须要让全公司看到自己的工作对公司的经营所起到的积极作用，从而引导公司对本部门的工作做出积极的认可和肯定。

（2）事务处理的方法分析。

作为售后服务部，最为本职、最为基础的工作是在自己的职责范围内做好退换货工作，并在这一过程中尽量全面地收集客户退换货的相关信息，掌握第一手资料，并做好资料的整理和相关数据统计。

在数据统计的基础上，做出市场异动的初步判断，同时撰写汇报材料，将情况及时地反映给公司，以便公司就此情况给出恰当的处理意见。

汇报材料的内容会有多种选择，可以只给出具体数据，说明市场异动情况，而不做任何分析；也可以在情况说明的基础上，给出本部门对这一现象的分析、判断；还可以在分析、判断的基础上再进一步提出一些解决问题的建议与意见。究竟采取哪种方式汇报情况，要看公司的工作环境，尤其要看领导的工作风格，切忌因过度汇报而导致本部门工作陷于被动的局面。

（3）事务处理的效果分析。

只有当售后服务部所汇报的情况确实反映出一定的市场异动规律时，这种汇报才能对公司的决策提供有价值的参考依据。如果并未掌握客观真实的市场信息就贸然向公司汇报情况，不仅对公司决策起不到促进作用，反而会扰乱公司的决策，并降低公司对售后服务部经理工作能力的判断。

如果售后服务部未能发现产品退、换货情况中所显示出的市场异动，或者因过于谨慎而迟迟不能做出市场异动的判断，或者发现了市场异动情况却不向公司汇报，都会导致公司因不了解退换货数量上升的情况，而造成不可挽回的损失。

因此，作为售后服务部经理，必须对所有情况有一个整体、正确和全面的分析，才能把这份汇报以最恰当的形式交上去，并取得最理想的效果。

2. 案例 4 - 2 分析

（1）事务处理的目标分析。

人力资源部完成了 2016 年公司人力资源的合理配置，这一工作是人力资源部的分内之事。工作做完以后，该部应当及时让总经理了解这一工作的具体情况，因此向上级汇报工作就是本案例中所写文书的直接目的。

这种汇报工作不是针对突发事项而写的，也不是因为总经理有所询问而写，它属于一般常规工作的主动汇报总结，所以它属于工作报告。其汇报的主要目的是让总经理知道本部门在人力资源合理配置的工作中都做了什么工作，怎么做的，完成情况如何。

（2）事务处理的方法分析。

由于本案例中的工作属于计划内的常规工作，而且工作已经完成，就应当在汇报工作时，针对这一工作的目标，回顾在工作中采取了哪些措施，在哪些环节以哪些步骤开展这一工作，工作完成情况如何。只有做到心中有数，才能把工作情况汇报清楚。

接下来，就要确定汇报工作的具体方式，采用书面报告的形式汇报工作显然是最清晰、最全面、最专业、最有效的方法。

这份报告是作为下属部门的人力资源部向作为该部门的上级总经理做出的。因此在书面报告撰写完毕之后，需要呈报总经理审阅。总经理在审阅之后，无须给予答复。因此该报告呈递以后，汇报工作的事务就基本上处理完毕了。

（3）事务处理的效果分析。

这份汇报工作的报告是为了让上级充分了解公司人力资源部关于合理配置工作的相关情况，这种了解既是对公司人力资源合理配置情况的了解，也是对人力资源部了解在该事务的处理过程中的工作情况。因此，该报告必须包含这两方面的内容；否则，就无法实现其汇报工作的效果。

如果总经理在阅读该报告时，认为报告中有些问题还不清楚，就说明该工作汇报是有缺陷的。因此报告的撰写必须要达到信息充分、表达准确、阅读无障碍的目的，以便让总经理充分了解相关情况；否则，汇报工作的效果堪忧。

汇报工作最直接的目的是为了让总经理了解工作情况，实现下情上达，但根本目的在于帮助总经理做出公司发展的宏观思考和决策。如果汇报工作后激发了总经理对公司管理和发展的深入思考，那说明此份报告更好地达到了汇报工作的目的。

3. 案例 4 - 3 分析

（1）事务处理的目标分析。

公司产品研发部未能如期完成新产品的研发工作，导致总经理主动询问情况，说明总经理已经对研发部的工作持有负面评价。因此，对这一询问必须给出合理的回答，尽可能地说清楚研发工作不能如期完成的原因，并将研发工作的进展情况如实汇报给总经理，使总经理对研发工作做出尽量合理的评价。

答复询问，化解上级心中的疑团，使其掌握所关心的事务的实际状况，并对该事务有一个较为全面和客观的评价，从而对下一步工作做出适当的判断和安排，这是以报告的形式答复询问的根本目标。

（2）事务处理的方法分析。

总经理在提出询问后不愿意看到一个单纯的情况说明，他更关心研发工作究竟因何受阻，如何才能消除阻碍并尽快完成工作。因此答复询问的报告要围绕上级的询问给出较为深刻的回答。

首先要摸清工作的实际状况，包括工作究竟进展到哪一步，还有哪些环节的工作未能完成，剩余的工作对整个工作的作用和影响是什么。

接着要分析工作未能完成的原因。原因可能有很多，但主要原因有哪些，次要原因有哪些，这些原因是怎么造成的，该由谁负责，已经做出了何种处理，还应该如何处理。

最后要研究清楚如何才能尽快完成研发工作，要尽快完成这一工作需要采取何种措施，采取这些措施之后研发工作将会于何时完成。

只有把这些问题都解决了，才能有针对地答复总经理的询问，也才能使总经理得到想要的答复。

（3）事务处理的效果分析。

答复询问的工作汇报应当达到令总经理释疑的目的。如果总经理看了报告依然不能了解工作未能如期完成的根本原因，或者未能掌握工作究竟进展到何种程度，或者看不出研发部有什么有效的应对解决办法和下一步计划，或者不能看出研发部对工作的正确态度，这份汇报就没有达到让其释疑的目的。

如果这份答复性报告能引导总经理按照研发部的建议采取有效措施促进或加快研发工作的进展，就说明总经理认可研发部的解释，也就化解了研发部经理的工作危机；否则，研发部经理在公司的工作将会极其被动。

三、写作分析

（一）不同种类的报告的写作重点分析

以上三个案例都可以报告这一文种来完成。案例4-1属于反映情况的报告，案例4-2属于汇报工作的报告，案例4-3属于答复询问的报告。

如果是利用报告向上级反映情况，就应当让上级充分了解这种情况的原因、性质、影响、后果，以及本部门如何采取措施积极应对，应对效果如何，同时说明目前还有哪些工作要做，本部门对如何开展后期工作有何想法和建议等。既要引起上级的重视，还要让上级看到本部门的积极应对，甚至还要让上级看到本部门对发生事件的高度重视及积极回应。整个写作过程要围绕实现这三个效果开展。

如果利用报告向上级汇报工作，就应当以实现汇报工作为目的，采取适当的写作手段，实现既让上级充分了解本部门的工作，又对本部门的工作产生正面评价的双重效果。

如果是利用报告答复上级的询问，就要针对询问的内容给予正面回答，这种回答一定要达到释疑的目的，并让领导看到本部门在其所关心的事情中做了什么，如何做的，效果如何，如果效果不理想，原因何在。总之，尽量通过报告的书写减弱甚至消除上级对本部门处理事务的不满与质疑。当然，也不能为了达到这种效果而虚构事实，编造谎话，推卸责任，这样做最终只能适得其反，一定要避免产生负面效果。

（二）标题处理

1. 一般原则

报告的标题从原则上来说比较容易，与其他行政公文基本一致。三段式为最常用的，如《售后服务部关于安全牌电子报警器退换货比例上升的报告》。

2. 需要注意的事项

关于同一件事，向同一个上级部门汇报工作或反映情况，但在标题的处理上却可能有些差异，这种差异有时是无关紧要的技术处理，但有时又透出了特殊的目的性。因为标题将决定内容的侧重点和组织方式。

举例而言，案例 4 - 1 中售后服务部在向公司汇报某一产品退、换货情况较为严重时，可能会采取较为保守的汇报方式，把标题拟定为《售后服务部关于安全牌电子报警器退换货比率上升的报告》。也可以采用较为激进的汇报方式，把标题拟定为《售后服务部关于安全牌电子报警器存在严重质量问题的报告》。两种标题的区别显而易见，但可能引发的后果却不容易预见到。因为阅读后果不仅取决于写作者的判断，而且还取决于阅读者的判断。但不管怎样，不同的标题能反映出不同的处事风格和写作目的。如果自己在写作中并未意识到这两者之间的差异，标题的撰写并非有意为之，就说明写作者只是一个表述者，而并非是一个通过文书进行交流的沟通者。缺乏沟通意识的写作者很难控制阅读效果，也很难在工作中实现双赢。

（三）行文逻辑结构的处理

报告的正文行文逻辑结构可以有很多种不同的建构方式，要根据实际情况和实践需要灵活处理。可供参考的一般模式有：

（1）情况——做法——结果；

（2）情况——做法——问题；

（3）情况——原因——做法；

（4）情况——原因——建议；

（5）情况——问题——意见。

下面以案例 4－1 为例，进行分析：

如果选择标题为《售后服务部关于安全牌电子报警器退换货比率上升的报告》，可以看出作者采取了较为保守的写作态度，重点在于针对自己所遇到的情况谈问题。因此它的行文逻辑可以是：

发生了什么情况——如何应对这种情况——应对的效果如何——目前还存在什么问题。

如果选择标题为《售后服务部关于安全牌电子报警器存在严重质量问题的报告》，可以看出报告的撰写者本着为公司负责的态度，采取了一种超出现象和问题的方式向公司汇报情况，给问题定了性。这种汇报不仅要谈现象，而且还要从客户反馈的信息和自己的调查中找出产品退、换货情况日益严重的原因和责任，并针对这些原因和责任提出公司应当如何应对的意见和建议。因此，它的行文逻辑可以是：

发生了什么情况——情况的原因及责任——应对和解决问题的意见与建议。

（四）语言表达技巧

由于报告是上行文书，在写作中一定要注意表述者及呈报对象在地位上的不对等性。语气要尽量简洁平缓，带着敬畏但不可有奴颜婢膝之嫌。内容上要尽量客观，事实求是，既不要自我夸大也不要自我贬损，更不要说过头话。在谈到责任时，要展现出勇于担当的态度，但也无须把不应由自己承担的责任揽到自己头上。写作风格要重点突出，层次清晰，语言表达要准确，不要含糊其词。

（五）报告范文

北京市环境保护局 2015 年
政府信息公开工作年度报告

本报告是根据《中华人民共和国政府信息公开条例》（以下简称《条例》）、《环境信息公开办法（试行）》（以下简称《办法》）和《北京市政府信息公开规定》（以下简称《规定》）的要求，以及 2015 年度北京市环境保护局（以下简称"北京市环保局"）政府信息公开工作的实际情况编制。全文包括：概述、主动公开政府信息的情况、依申请公开政府信息的情况、因政府信息公开申请行政复议和提起行政诉讼，以及投诉举报的情况、政府信息公开工作存在的不足与改进措施共五个部分。

本报告所列数据的统计期限自 2015 年 1 月 1 日起至 2015 年 12 月 31 日止。本报告的电子版于 2016 年 3 月 31 日以后可以在市环保局政务网站（http：//www.bjepb.gov.cn）中下载。如对本报告有任何疑问，请与市环保局政府信息公开办公室联系（地址：北京市海淀区车公庄西路 14 号；邮政编码：100048；联系电话：010－68717296；电子邮件：12369@bjepb.gov.cn）。

一、概述

2015 年，北京市环保局认真落实《条例》和国务院、环境保护部以及北京市政府的各项要求，充分认识环境信息公开工作的重要意义，将政府信息公开工作作为推进依法行政，持续转变工作作风，保障公众环境知情权、参与权、监督权的重要工作来抓，在市环保局信息公开领导小组的统筹指导下，不断完善制度机制，梳理公开目录，扩大公开范围，细化公开内容，加强平台建设，组织业务培训，着力落实年度政府信息公开工作要点，同时，关注公众关心的热点和焦点问题，积极回应社会关切，认真解答信息公开咨询，规范办理和答复公开申请，政府信息公开工作得到持续健康发展。

二、主动公开政府环境信息情况

2015 年，市环保局按照《条例》《规定》以及上级文件的各项要求，围绕本市环境保护中心工作，落实国务院和北京市两级政府信息公开工作要点，梳理发布权力清单和本级财政预、决算信息，以大气、水、辐射等环境质量、建设项目环评审批和验收、重点污染源监察监管、总量减排、投诉举报处理情况、环境应急等方面内容为主，大力推进政府环境信息的主动公开工作，全面落实了国务院办公厅《2015 年政府信息公开工作要点》和《北京市 2015 年政府信息公开工作要点》的要求。

（一）主要公开渠道

1. 网站公开信息

2015 年，市环保局政务网站继续围绕"信息公开、在线服务、政民互动"三大功能定位，合理布置栏目，完善网上办理程序，增强政务互动效果，重新梳理布置了 106 个信息栏目，实现了全部 42 项行政办事事项网上办事指南和表格下载服务，完善了依申请公开的网页申请功能，使网站信息查阅更加便捷、网上办事更加顺畅，全年共在网站主动公开各类政府环境信息 3580 条，全文电子化率为 100%，其中，机构职能类信息 2 条，占总数的 0.06%；法规文件类信息64条，占总数的1.79%；规划计划类信息4条，占总数的0.11%；行政职责类信息1条，占总数的0.03%；业务动态类信息3509条，占总数的98.01%。政务网站页面浏览量达1055万余次。此外，作为市环保局政务网站的补充，市环境保护科学研究院、市环境保护监测中心、市环境保护宣传中心等直属单位还利用各专业网站发布各类环境信息共15636条，有力地配合了市环保局政务网站，充分发挥了网站为政府环境信息公开主渠道的作用。

2. 环境状况公报

印制并发布了《2014年北京市环境状况公报》，供公众免费索取，还将该公报电子版全文刊登在市环保局政务网站上，为公众提供查阅、下载服务。

3. 其他方式

市环保局还不断拓宽渠道，灵活利用各种方式，如新闻发布活动、官方微博、宣传微信、报刊、广播、电视、宣传栏、信息显示屏等，主动公开重要的政务信息和环境保护工作动态信息，积极回应公众关切的热点问题，宣传环保方针政策，推进环保公众参与。2015年共组织、举办新闻发布活动75次；受理并接待媒体采访160次；撰写并向媒体发布新闻稿及新闻素材106篇，各媒体刊播、转载3.5万篇次；通过"环保北京""环境监测""环保宣传"微博群发布信息7883条；通过"京环之声"官方微信发布信息1586条；通过其他各类渠道、方式发布信息5475条。

（二）公开查阅场所

在北京市环保局全程办事窗口设立了政府环境信息公开资料索取点，适时补充、更新查阅资料，及时将环保新政策、新规定印刷成册，供群众索取。全年共发放各种资料1500余份。

三、依申请公开情况

按照《条例》第13条规定，2015年北京市环保局认真接收和办理公民、法人或者其他组织根据自身生产、生活、科研等特殊需要提出的政府信息公开申请，建立了7×24小时依申请受理制度，申请人可通过市12369环保投诉举报咨询中心，以传真、信函、电子邮件等方式提出公开申请，也可以通过政务网站在线提出公开申请。

（一）申请情况

2015年，北京市环保局共收到政府信息公开申请245件。在申请方式中，当面提出申请29件，占总数的11.84%；通过互联网提出申请142件，占总数的57.96%；通过信函形式提出申请74件，占总数的30.20%。

（二）答复情况

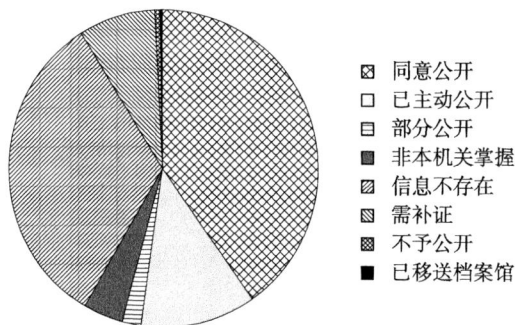

图例：
- ⊠ 同意公开
- □ 已主动公开
- □ 部分公开
- ■ 非本机关掌握
- ▨ 信息不存在
- ▧ 需补证
- ⊠ 不予公开
- ■ 已移送档案馆

以上所有的 245 件申请，已经全部按期答复，其中：

"同意公开"的 99 件，占总数的 40.41%；

"已主动公开"的 29 件，占总数的 11.84%；

"部分公开"的 5 件，占总数的 2.04%；

"非本机关掌握"的 10 件，占总数的 4.08%；

"信息不存在"的 80 件，占总数的 32.65%；

"申请内容不明确"需补证的 20 件，占总数的 8.16%；

"不予公开"的 1 件，占总数的 0.41%；

"已移送档案馆"的 1 件，占总数的 0.41%。

（三）依申请公开政府信息收费及免除情况

2015 年，市环保局未对依申请提供政府信息收取任何费用。

四、行政复议、行政诉讼及投诉举报情况

按照《条例》第 33 条规定，公民、法人或者其他组织认为行政机关在政府信息公开工作中的具体行政行为侵犯其合法权益的，可以依法申请行政复议或者提起行政诉讼。

（一）行政复议

本年度市环保局未发生关于政府信息公开的行政复议。

（二）行政诉讼

本年度市环保局未发生关于政府信息公开的行政诉讼。

（三）投诉举报

本年度市环保局未发生关于政府信息公开的投诉举报。

五、存在的不足及下一步改进措施

2015 年，北京市环保局的政府信息公开工作取得了一定的进步，但信息公开工作统筹力度还有待加大，信息公开工作研究力度有待加强，信息公开工作水平有待提升。2016年，北京市环保局将认真落实《环境保护法》《条例》《办法》和《规定》的各项要求，坚持"公开为常态，不公开为例外"的原则，加强统筹指导和工作研究，完善工作制度机制，努力扩大信息公开范围，着力提高服务水平，推进政府环境信息公开工作向更深层次发展。

北京市环境保护局

2016年3月

上文为年度工作报告。全文包括：概述、主动公开政府信息的情况、申请公开政府信息的情况、因政府信息公开申请行政复议和提起行政诉讼，以及投诉举报的情况、政府信息公开工作中存在的不足及改进措施共五个部分。内容翔实，层次分明。在陈述过程中，适当加入表格，使所述内容更加一目了然。在原文中还有部分图片的展示（本书未引用），使报告更真实、生动。

（六）写作注意事项

1. 报告写作要突出重点，详略得当

综合报告要将最主要的问题凸显于文章中，专题报告也要将问题的关键凸显于文章中。不能面面俱到，也不要避重就轻，写作者要有一定的全局观。

2. 报告要分析入理，寻求规律

不要就事论事，不能罗列现象，堆砌数字，要从现象中归纳出规律，找出发展方向。领导往往从下级上行的报告中获得印象，了解情况，但若领导者能够通过阅读报告而对事件作出肯定结论，甚至作出事关公司发展的决策，那么写作者完成的必定是一份优质的报告。

第二节　函

一、函的适用范围及特点

依照《国家党政机关公文处理工作条例》所述，函"适用于不相隶属机关之间商洽工作，询问和答复问题，请求批准和答复审批事项"。函是使用范围广泛、可用于不相隶属机关之间的平行文种。它不具有指示、指挥等权威性作用，却适用于公务联系的多种场合，适用于各种层次，使用灵活。

透过函的主要作用来看，它属于商洽性公文。在行政机关的公务活动中，"函"不具有"指挥""领导"的作用，但它具有"桥梁""纽带"的作用，同时也具有"记载"和"凭证"的作用。

二、函的分类

根据函的内容来分，可将其分为以下四大类。

（1）商洽函。内容为不相隶属机关之间洽谈业务、商调人员、联系参观学习等商洽、联系性事宜的。

（2）问复函。内容为不相隶属机关之间询问或答复问题的。

（3）请准函。内容为不相隶属机关之间相互请求批准和答复审批事项的。

（4）通知函。内容为发文机关就某事向有关方面（包括上级、下级或平级）发出的要求照办事项的。

三、函的结构与写法

函由标题、主送机关、正文和成文日期组成。

（1）标题。函的标题要注意标明函的行文方向，即写明"函"或"复函"。如《关于催报、贯彻全国方便食品科技会议精神的函》《国务院办公厅关于同意发行特种邮票时使用国旗国徽图案的复函》。

（2）主送机关。函的主送机关较为单一，一般也不会是普发性公文。复函的主送机关就是去函的机关。

（3）正文。函的正文，因函的内容的不同而稍有不一。通知函、询问函、商洽函的正文开头应先交代去函的原因、目的；而复函的开头则应先引述来函的标题和文号，如"你厅《关于申请将'劳动职业介绍收费项目及收费标准'转为经营性收费项目和收费标准的函》（劳社秘〔2016〕308号）悉。现函复如下"。

正文的主体要说明发函事项的具体内容，阐明发函者的观点和意见。如事项较复杂，就应分条细述。倘为复函，要针对来函所提的问题给予明确回答。

去函的结语常用"特此函告""专此函达""盼复"或"特此函请审批"等；而复函的结语都习惯用"特此函复"等。

（4）落款。写明发函机关名称和成文日期。

四、函的范文赏析

北京市质量技术监督局关于
推荐北京市 2017 年度国家级服务业标准化示范项目的函

京质监函〔2017〕86 号

国家标准委办公室：

按照《关于征集 2017 年度国家级服务业标准化示范项目的通知》（标委办服务函〔2017〕18 号）要求，我局结合本区域、本部门工作实际，按照文件的规定认真组织了示范项目的申请受理工作。经研究，推荐 1 家示范项目单位，具体项目如下。

推荐项目名称：国家会议中心会展服务（业）标准化示范项目；承担单位：北京北辰实业股份有限公司国家会议中心；推荐单位：北京市朝阳区质量技术监督局、北京奥林匹克公园管理委员会。

附件：国家会议中心会展服务（业）标准化示范项目申请书

北京市质量技术监督局
2017 年 5 月 5 日

（联系人：×××、×××；电话：××××、××××；邮箱：×××@ bjtsb. gov. cn）

上文是北京市质量技术监督局给国家标准委办公室发的函。从行政隶属关系来看，发文、受文单位为不相隶属关系，使用函进行信息沟通很是恰当。本文在发文日期下一行，用小括号标注联系人、联系方式作为附注部分出现，更便于双方日后的沟通协调。

五、函的写作注意事项

（1）语气应得体。函是在不相隶属的机关之间行文，所以语气应平和礼貌，不能盛气凌人，不能用命令、警告的口吻。

（2）规格要对等。去函和复函的规格应该是对等的，不能不予理睬。另外，由于函是公文，所以应避免使用一般社会上的信函格式。

一、简答题

1. 请简介报告的分类及各类特点。

2. 请简述报告的写作注意事项。

3. 请简述函的写作注意事项。

二、病文挑错

关于设计部急需购买笔记本电脑的报告

公司领导：

设计部是我公司最重要的创收机构，一直发挥着重要作用。但随着时间的推移和技术的更新，我部门工作人员明显地感觉到现有笔记本电脑难以完成各项设计工作。

因此需要公司为我部门配备三部新的笔记本电脑，不胜感激，谢谢领导关怀！

设计部全体员工

2010 年 5 月 9 日

三、写作练习

请按照报告的写作要求完成本章案例 4 - 1、4 - 2、4 - 3 的写作实践。

第五章 公务文书（四）

◼ 学习重点

掌握请示、批复、会议纪要的写作要求

了解请示、批复、会议纪要的分类及特点

了解请示与报告的区别、请示与申请书的区别、会议纪要与会议记录的区别

熟悉请示、批复、会议纪要的实际应用情况

◼ 学习难点

掌握请示、批复、会议纪要的实际写作能力

第一节 请示和批复的写作

一、请示

（一）请示的适用范围和特点

依照《国家党政机关公文处理工作条例》所述，请示"适用于向上级机关请求批准、指示"。请示是向直接的上级领导机关请示，所以请示是绝对的上行文。请示属于陈请性的上行公文，它的使用范围比较广泛，机关、单位在遇到属于职权范围内无权处理或确实难以处理的问题与事项时，都应向直属的上级领导机关或直属的上级主管业务部门行文请示。上级机关在收到下级机关的请示后，要予以回复，对所请示的事项明确表态，这样可以维护政令的一致

性，提高国家各层次的管理工作的效率，从而保证步调统一。但工作中不可凡事都请示，下级对自己责任和业务范围内的事应主动努力做好，而不该不负责任，动辄请示。

具体来讲，请示主要用于以下六个方面。

（1）对上级领导机关颁布的方针、政策、法规、规章、决定、指示等，有不理解或难以执行而要求做某些变通处理的问题或事项，请求予以指示与认可的。

（2）请求审核批准或批转本机关制定的法规、规章或者做出的决定、报告等。

（3）请求批准人员编制、机构设置与调整、干部任免、领导班子组成与调整、经费预算，以及对于重大事件（事故）和人员的处理等均属于本机关无权处理的重要事项。

（4）请求审定本机关对某些重要问题（事项）所提出的处理方案与办法。

（5）请求协调与帮助解决本机关无法解决的困难与问题。

（6）根据规定必须履行审批程序的事项。

（二）请示的分类

根据请示内容的不同，请示可分为：

（1）求示性请示。用于请求上级给予指示、指导或裁决。当工作中遇到按上级原有的政策、规定难以解决的问题需要变通执行时，或者对上级的有关规定不理解时写作的请示。

（2）求助性请示。用于请求上级给予支持、帮助。比如，在工作中遇到困难，需要请求上级增补经费、添置设备、修改指标时，所写的就是求助性请示。

（3）求准性请示。用于请求上级批准、同意。凡是超出本机关、本单位工作职权范围的事项，或者按规定必须由上级批准方可办理的事项，应当事先上报请示，不得先斩后奏。

（三）请示的结构与写法

请示由标题、主送机关、正文、落款和附注组成。

1. 标题

请示的标题应该明确所请示的事项，表达要准确完整。一般有两种写法：一是由发文机关、事由和文种组成，如《国家税务总局关于加强批发扣税工作的请示》；二是由事由和文种构成，如《关于实施市属下放集团所属企业改制工作的请示》。

请示的标题在使用动词时，不能与文种词语重复，即一个标题中不能出现两个"请示"字样。在表述主要内容时，一般只宜使用一个动词，如《关于请求批准购买笔记本电脑的的请示》这个标题，其中的"请求批准"应删去。

2. 主送机关

请示事关下级等待答复的问题，又涉及上级主管部门的权限，因此主送机关一定要准确，并且只能有一个主送机关而不能多头请示。如果需要多头请示，要分别写几份请示或者选择一个主送机关同时抄送其他相关部门，以保证每一份请示都是一个主送机关。

3. 正文

首先是请示缘由，说明自己遇到什么问题或什么困难了。也就是说"请示"不是简单地向上级要政策、要物质，而是要将自己目前的状况，已做的努力等向上级汇报，起到下情上达的作用，争取上级的理解和支持。

接着可以写所请求事项的具体要求。这里要写得明白清楚、详细实在。如果是求示，就应将事态表达全面；如果是求助，就要说清楚物质的品名、价格、数量等具体的数据；而若是求准，则须将自己的计划、安排的理由和事项的结果坦诚陈述。但是不宜啰唆，不宜罗列，更不必吞吞吐吐，说许多"假大空"的套话。

请示的结尾用语能起到强化请示的急切心情的作用，也是请示全文结束的标志。应该另起一行，可写"以上请示当否，请批复"或"以上请示如无不妥，请予批准"等；尽量避免使用"特此请示"等略显强硬的话语。

4. 落款

写明请示的发文机关和成文日期。

5. 附注

根据《国家党政机关公文处理工作条例》规定，请示的成文日期下一定要有附注，在附注中标明发文机关的联系人电话，附注位于成文日期下一行，左侧空两格加圆括号，这既是行文的格式，又便于上级机关联系询问，一定不能忽视。

（四）请示范文

北京某学院关于成立学院理事会的请示

市教委：

为贯彻落实《国家教育与发展规划纲要（2010—2020年)》和国家、北京市"十三五"教育规划的精神，根据教育部颁布的《普通高等学校理事会规程》（国教发〔2013〕32 号），经我校党委常委会研究决定，拟成立北京物资学院理事会，引入社会力量参与学校治理，为学校事业改革与发展提供咨询、建议、指导和监督。

理事会成员、领导机构、常设机构、议事规则均严格按照《普通高校理事会规程》及相关法律法规确定，详见附件。

当否，请批示。

北京某学院

2017 年 7 月 20 日

（五）请示写作注意事项

1. 请示必须一文一事，一个主送机关

切不可在一份请示中请示几件事情，也不能多头主送。受双重领导的单位在发文时，要根据请示内容分清主送机关，而将另一个领导机关作为抄送对象，此请示由主送机关答复。另外，写请示要避免越级行文。

2. 请示的目的必须明确

在向上级做出请示时，对自己的问题、要求等应心中有数，不能什么都不知道就做请示。不能也不应该指望上级来帮你理清思路，替你算清账目，再来为你指出方向。

3. 请示的语气要恰当

作为上行文，语气应注意文书通用礼仪，可以用"拟……"或"请……"等词，避免使用"应该……"或"务必……"等词，语气中不能含有强求或教训的意味。

（六）报告和请示的区别

报告和请示都是呈请性公文，都是上行文，但它们是两个不同的文种，有着明显的区别：

1. 写作目的不同

报告是为了反映情况、汇报工作、答复询问而做。是为了让上级了解相关事项，并不要求领导一定为此做出答复、批示或评论。而请示则是为了得到领导的指示、帮助或准许，一定要得到领导的答复以后才能行动。领导机关无论同意与否，也都一定要答复。

2. 内容构成不同

报告主要是报告事实以及对事实的认识，其中不可含有请示的内容。倘在汇报中涉及某些应请示的事项，应另行文请示。而请示是为了解决现实的问题，陈述的是理由，最后一定会要求答复，报告虽然也强调公文行文的"一文一事"要求，但一些综合性的报告中可以有相关的多项事件，而请示是不允许这种情况出现的。

3. 行文时间不同

报告的写作时间比较自由，可以根据实际情况，在事情发生之前、之中、之后都可以写作，更多的是在事中或事后写作。而请示必须只在事前写作，从工作纪律到行文规则，都不允许先斩后奏。

二、批复

（一）批复的适用范围和特点

根据《国家党政机关公文处理工作条例》所述，批复"适用于答复下级机关的请示事项"。批复的首要特点是，它是被动行文的，即必须是请示在先。而且一旦有了请示，上级机关应该予以认真批复，无论是肯定还是否定，都要回答。批复也是一种针对性很强的下行公文，作为对下级的请示的回应，批复还应对下级做出一定的指导。即使是求准性的请示，也不是简单地表态了事，在可能的情况下，给下级指导、支持、鼓励，将会给下级带来超出批复本身的影响。

（二）批复的种类

批复的种类很简单，从它的内容看，可分成针对求示性请示的指示性批复、针对求助性和求准性请示的批准性批复；从它的答复态度来看，又可分成肯定性批复和否定性批复两种表态性回答。

（三）批复的结构与写法

批复由标题、主送机关、正文和落款组成。

1. 标题

批复的标题可以只写事由和文种，如《关于增补人文学院党委委员的批复》。

更多的时候是将请示的内容表现出来，如《关于新加坡交易所有限公司设立北京代表处的批复》。

有时也可在标题中将批复者的态度表现出来，如《商务部关于同意撤销江苏京江重工有限公司对外承包工程经营资格的批复》。

2. 主送机关

批复是针对性的下行文，主送机关就是原来提出请示的下级。

3. 正文

批复的正文一般不太长，主要是由引言、主体和结语组成。

（1）引言。批复的引言应该先说明对方所递交的请示文件的情况。一般常写为"×××收悉。经研究，现批复如下："这样写，既是公文的普遍格式，也是公文收发的衔接交代，并可由此引出下文。

（2）主体。主体是顺着引言而下的。在简单的表态性批复中，可以紧接着"收悉"写"经研究……"表示同意，也可以说"考虑到……"而表示否定。

如果是指示性的批复，就应该明确完整地做出回答。在"如下"之后具体说指示内容，如政策怎么解释，问题怎么认识，情况怎么处理等，可以分条逐一说明。

（3）结语。批复的结语根据引言的情况而定。如果引言有"批复如下"的说法，可以在文末自然结束，也可提出希望、要求、鼓励，或者再次强调等；如果是以"经研究……"而直接表态的，则可在文末另起一行写"特此批复"或"批复"，以与前文呼应。

4. 落款

写明批复的发文机关和成文日期。

（四）批复范文

陕西人民政府关于变更兰家南（北）等收费站名称的批复

省交通厅：

你厅《关于变更兰家南（北）等收费站名称的请示》（陕交字〔2007〕21号）收悉。根据《公路法》《收费公路管理条例》及国家、我省有关规定，经研究，同意将西（安）宝（鸡）高速公路兰家南和兰家北收费站分别更名为太白山和法门寺匝道收费站；西（安）禹（门口）高速公路韦庄收费站更名为澄城匝道收费站，西（安）临（潼）高速公路姜沟收费站更名为临潼匝

道收费站……（此处省略）

请切实加强管理，严格控制开支，并做好相关工作的衔接和宣传。

陕西省人民政府

2007 年 3 月 27 日

批复是针对相关请示的回文。因此，在批复中一定要明确标注相关请示的标题。并且，在批复中要用肯定的语气表达对请示的态度，要让阅读者可以清楚领会批复含义。禁止使用模棱两可的话语，避免造成批复意见不明确，而失去批复的作用。同时，在批复中亦可写出对下级单位完成请示任务的要求与指导。

（五）批复写作注意事项

1. 内容要有针对性

既然是给下级以答复，就应该针对问题，明确而具体地批复，不要泛泛而谈，只讲大道理，不着边际。

2. 态度要明确

明确地表明自己的态度或立场。指示性批复，政策要易于解读，指导要切实可行；表态性批复，态度要明朗。倘若回答"原则同意"，就应该说明同意之外的具体意见；倘若回答"部分同意"，则要将同意和不同意的部分都明确说清。

3. 语气要恰当

批复的语气首先要严肃，以显现公文的权威性。不必莫名谦虚，亦不需虚假套话；其次要肯定，无论是与否，都应该是肯定的，毋庸置疑的。同时，批复的写作一定要谨慎。因为一旦批复给下级，就是作为对下级的工作指导了，所以要谨慎批复，把握好政策导向。

第二节　会议纪要的写作

一、会议纪要的适用范围和特点

依照《国家党政机关公文处理工作条例》所述，纪要"适用于记载会议主要情况和议定事项"。

会议纪要是会议的产物，是扩大会议功能的手段之一。它的特点有：

（1）纪实性。它是会议基本情况的纪实，必须保持会议的真实面貌和真实结果。

（2）概括性。所反映的应该是"要"，而不是细碎的过程。

（3）指导性。即会议纪要应该成为会后传达、贯彻会议精神的重要文件，是开展工作的依据，对今后的各项相关工作有重要的指导作用。

（4）知照性。会议纪要行文灵活，可上可下，对有关各方了解会议提供帮助。

二、会议纪要的结构与写法

会议纪要的结构与一般公文有所不同，它由标题、成文日期、正文和署名四部分组成。

（一）标题

会议纪要的标题可以用会议名称加文种构成，如《全国农村工作会议纪要》；也可通过概括会议主要内容加文种构成，如《关于加强纪检工作座谈会会议纪要》；在报刊上公开刊登的会议纪要常常是由正、副标题构成，正标题阐述会议主要内容精神，副标题交代会议名称、范围和文种，如《抓住机遇再创辉煌——某校百年校庆第三次筹备会会议纪要》，正、副标题分两行书写。

（二）成文日期

一般会议纪要在标题下居中用阿拉伯数字标示日期，并以圆括号括起。它可以是纪要的成文日期，也可以是会议的开会日期。

（三）正文

会议纪要的正文由会议概况、会议内容和结语三部分组成。

1. 会议概况

介绍会议的正式名称、召开时间和会期、开会地点、会议主办单位和会议主持人、出席者，以及主要领导人和来宾、会议主要议题、会议主要活动、会议发言讨论情况、会议的效果和意义等。

2. 会议内容

这部分是会议纪要的主体，要写清楚会议研究的问题、讨论的意见、做出的决定、提出的任务、确定的措施等，这是与会单位会后贯彻的依据，一般有以下三种写法。

（1）集中概述法。这种写法是把会议的基本情况、讨论研究的主要问题、与会人员的认识、议定的有关事项（包括解决问题的措施、办法和要求等）用概括叙述的方法，进行整体的阐述和说明。这种写法多用于召开小型会议，而且讨论的问题比较集中单一，意见比较统一，容易贯彻、操作，撰写的篇幅相对短小。如果会议的议题较多，可分条列述。

（2）分项叙述法。召开大中型会议或议题较多的会议，一般要采取分项叙述的办法，即把会议的主要内容分成几个大的问题，然后加上标号或小标题，分项来写。这种写法侧重于横向分析阐述，内容相对全面，问题也说得比较细，常常包括对目的、意义、现状的分析以及对目标、任务、政策措施等的阐述。这种纪要一般用于需要基层全面领会、深入贯彻的会议。

（3）发言提要法。这种写法是把会上具有典型性、代表性的发言加以整理，提炼出内容要点和精神实质，然后按照发言顺序或内容差别，分别加以阐述说明。这种写法能比较如实地反映与会人员的意见。某些根据上级机关布置，需要了解与会人员不同意见的会议纪要，可采用这种写法。

3. 结语

会议纪要的结语可将会议提出的诸如问题的严峻性、形势的发展性、群众的关切性或前景的鼓舞性等再做出强调，并提出号召、希望或要求。也可不加结语，自然收篇。

（四）署名

会议纪要的署名有三种情况。第一是开会方开会，会议纪要作为会议结果由几方共同签署；第二是由会议主席团或秘书处作为纪要的责任人签署；第三种情况是不签署。

与其他法定公文不同，由于有签署，会议纪要结尾处可以不加盖印章。

三、写作会议纪要的注意事项

1. 会议纪要应该记录会议议定的事项

在会议中可能有很多问题被提出，有些并未被会议议定，随便在纪要上写出，可能造成某些误解、混乱。因此，这些内容切忌记录在册，而只应写那些议定的事项。

2. 会议纪要准确

纪要，自然是概括的，但不能因为概括而失真。这对写作者的思想水平，分析能力是个挑战，也是写作者的职业道德的体现。不能曲解、误读，更不能歪曲、篡改。

3. 会议纪要应该条理清晰

会议纪要一般较长，写作时一定要层次分明，并适时以"会议指出""会议认为""会议强调""会议要求""会议决定""会议号召"等词语作为段落的开首词语，使全文更清晰，便于阅读者阅读。

四、会议纪要和会议记录的区别

会议纪要适用于记载、传达会议情况和议定事项。会议记录则是当事人记录会议情况以供备查的一种文体。相比较而言，会议纪要含义更广泛，更有约束力。会议记录是存档用的，会议纪要既用于存档，有时又要以发文的形式公布出去，并要求相关部门去贯彻执行会议纪要中列明的内容。具体来讲，两者的区别主要体现在以下四个方面。

1. 性质不同

会议纪要是法定行政公文，可以下发而成为工作的指导性文件；会议记录是讨论发言的实录，属事务文书。

2. 功能不同

会议记录一般不公开，无须传达或传阅，只作资料存档；会议纪要通常要在一定范围内传达或传阅，并要求贯彻执行。

3. 内容组成不同

会议纪要的内容是选择、概括、加工整理的结果，它是浓缩的、精要的、本质的；而会议记录的内容是原始的、散在的、全盘的。

一般会议记录包括两部分：一部分是会议的组织情况，要求写明会议名称、时间、地点、出席人数、缺席人数、列席人数、主持人、记录人等；另一部分是会议的内容，要求写明发言、决议、问题，这是会议记录的核心部分。对于发言的内容，一是详细具体地记录，尽量记录原话，主要用于比较重要的会议和重要的发言；二是摘要性记录，只记录会议要点和中心内容，多用于一般性会议。会议结束，记录完毕，要另起一行写"散会"二字，如中途休会，要写明"休会"字样。

4. 形成时间不同

会议纪要只能产生于会议结束、得出会议结果之后；会议记录则是与会议过程同步产生的。

一、简答题

1. 请简要说明请示的分类及特点。

2. 请简要说明会议纪要的特点。

3. 请示的写作注意事项。

4. 请示与报告的区别。

5. 批复的写作注意事项。

6. 会议纪要与会议记录的区别。

二、判断题

1. 遇到紧急情况不能解决时，允许越级请示。　　　　　（　　）

2. 请示最多可以一文两事。　　　　　　　　　　　　（　　）

3. 会议纪要和会议记录的写法一样，只是名称不同而已。　（　　）

4. 用"贵局×劳发〔2016〕12 号请示收悉"作为批复的内容欠妥当。

　　　　　　　　　　　　　　　　　　　　　　　（　　）

5. 函的写作，要求开门见山，直叙其事，措辞得体，平等待人，一般不用"必须"等指示性语言。　　　　　　　　　　　　　（　　）

三、写作实践练习

1. 某公司设计部因工作量增加，对工程设计要求的提高，现有笔记本电脑不能满足日常工作需要。因此，设计部向公司提出更新笔记本电脑的请求。请问应采用哪一文种来实现这一目的，并完成文章的写作。

2. 北京某郊区发现了一特有树种，为保护这一珍稀的资源，该区县向北京市政府提出申请建立自然保护区，请为这一请示拟一份批复。

3. 根据近期班会的情况，写一份会议纪要。

第六章　计划类文书写作

■ 学习重点

　　掌握计划类文书的写作能力
　　了解计划类文书的概念、特点及写作要求
　　熟悉计划类文书的分类

■ 学习难点

　　真正掌握计划类文书的写作能力

第一节　计划类文书的基础知识

一、计划类文书的概念、特点及种类

（一）计划类文书的概念

　　计划，简单地说，是管理决策的排列组合及其书面存在形式。它要解决和回答的问题是，在未来一段时期里，要做什么，怎么做，达到什么标准等。具体地说，就是党政机关、社会团体、企事业单位及个人根据相关的方针政策，结合自身具体客观条件而预先对一定时间内的工作、学习、生产等目标进行条理化、具体化的部署及安排的事务文书。对企业来说，计划就是为了完成一定的任务而事先拟定的目标、措施和要求。有了计划，工作就有了明确的目标和具体的程序，便于领导和监督，也利于各环节抓住重点，发挥主观积极性。计划是有条不紊地开展工作、循序渐进，取得最佳工作效果的有利保证。

（二）计划类文书的特点

1. 目的性

根据党和国家的方针、政策及各个时期的工作任务而制订的工作计划，无论是全面工作计划还是专题工作计划，都有明确的目标、任务，它是为解决具体问题而拟定的。每份工作计划制订都有明确的目的，并辅以切实可行的步骤、措施，以确保产生实效。制定者认真理解、研究上级的政策和精神，目的是准确把握工作重心及总任务，使单位的工作计划纳入国家或上级指示的轨道。同时，他们又要深入研究本部门、本单位的工作任务、指标、措施等，以使政策具体化，保证指挥者及工作人员明确方向，以便合力完成上级下达的工作任务。

2. 预想性

计划是面对未来的，即依据对客观现实的清醒认识，预测未来，对未来一定时期的工作活动做出预想性安排。但不论这种安排多么符合实际，具体周到，也只是一种预想或期望，是希望实现但尚未实现的。

3. 可行性

计划虽然带有预想性，却是执行性文件，是工作活动的准则和纲领。不可行的计划是完全没有意义的东西。脱离实际去胡思乱想或者不顾后果、弄虚作假，都不是科学的制定计划的态度。虽然计划往往将目标定得较高，但那是在科学的基础上，对工作提出的要求，是一种基于科学和开拓创新精神的可行性的体现。计划要求人们在制订之时考虑多方因素，以使所定计划充分体现其可行性。

4. 可变性

计划虽然是执行性文件，但不是法规，在执行过程中可以有所变通、调整和修改。这是由于实践中发现前所未料的情况，因而部分地改变思想、计划、方案的事是被允许的。但是，这种改变必须是以对新情况有了深入的了解，对原计划的目标有准确的把握为前提，才能把计划修改得更为合理。而不能因为计划有可变性，就以此为借口，不认真制订计划，或者不认真执行计划。

（三）计划的种类

计划是日常工作、学习中使用非常广泛的一个文种。因此，在实际使用过程中，其类别划分也是五花八门的。根据划分标准不同，计划可以有以下四大类。

（1）对未来性事务的处理更加侧重或强调内容的差异时，可以分为：销售计划、生产计划、财务计划、建设计划等。

（2）对未来性事务的处理更加侧重或强调工作性质时，可以分为：综合计划、专项事务计划、管理计划、投资计划等。

（3）按照计划做出的主体分类，可以分为：公司计划、部门计划、个人计划。

（4）按照时间划分，可以分为：长期计划、中期计划、短期计划、甚至还可以是周计划、月计划、季度计划或年度计划。

在日常工作中，"安排""打算""规划""设想""意见""方案"等，都是人们对今后工作或活动做出的部署和安排，因而也都属于计划这个范畴。具体分析如下。

（1）计划。对未来事务有细节上的指导性，可操作性强，是计划类文书最为常见的表达形式。

（2）设想。远景展望，时间跨度较大的总体计划，可以采用这一形式。通常来讲，设想的可操作性会差一些。

（3）纲要。针对重大方针、重要事项提出的框架性发展思路，这类计划往往是以提纲挈领的方式做出。

（4）规划。全局性、方向性的中期计划往往用规划方式做出，规划比设想和纲要更为细致具体，但依然具有框架性，是从总体上对未来工作做出指导。

（5）方案。针对专门事项做出的实施计划，围绕专门事项从宏观到微观做出的选择和安排，对项目的顺利执行提供了明确的指导思路和执行依据。作为计划类文种中的一种重要表现形式，方案在企业经营活动中最为常用，它必须具有很强的可操作性，使整个项目依据方案的设计就能顺利实施。

（6）安排。是对计划或方案内容的进一步分解。为落实计划或方案中更为细致的某一方面工作或某一较短的时间阶段内的工作而做出的细节性部署。

一般来说，针对较长时期的事业发展，或者针对宏观方面的事务计划，均可采取较为粗略的方式写作，标题中采用"计划"或"规划"的文种名称。如果针对的事务属于较短时期内的工作，或者针对具体的工作事项，可以采取更为详细的写作方式，标题使用"计划"即可。如果针对特定时期内或者特定事务做出详细的可实施方案，就应当更为细致周全，并尽量落实到事务处理的每一个细小环节，标题可使用"计划"，也可使用"实施方案"等。

二、计划类文书的格式

计划类文书并无绝对的格式规定，一般对时间跨度长、内容含量大的计划采用文件形式，以利于做具体说明，其中又可辅以条款，以便于详细解释；而对于要求简单，延续以前工作的计划，则不需多加说明；或主要以数字表现的计划，则宜用图表形式，使目标任务昭然于眼前；对既需要有大量文字说明，又需要数字补充说明，或仅以文字表达都较难使人一目了然的计划，则应以文件和图表结合的形式拟写。具体来讲，无论采用哪种写法，计划都应包含标题、正文和落款三部分。

（一）标题

标题位于文章第一行居中的位置，根据需要，标题的构成有多种方式，如完整式《诚信物流公司2016年度销售计划》。如果采用这种标题，应严格按照"单位名称＋时限＋事由＋文种"的顺序，不可颠倒。有时也可根据需要有所省略，或者省掉时限，或者省掉单位名称，但文种必须明确。有时也可将日期写在标题下，使之成为标题的一部分。若计划是未定稿，应在主标题后或标题下方注明"草案""讨论稿"等并用圆括号括起。具体使用中常见的标题有以下五种。

（1）"单位名称＋时限＋计划种类"，如《北京市水务局2016年度工作计划》。

（2）"时限＋事由＋计划种类"，如《关于2016年度下半年工作生产和流通的安排》。这种构成方式将单位名称改在标题之下或落款处。

（3）"单位名称＋事由＋计划种类"，如《北京市"十二五规划"》。这样的情况多属于时限是约定俗成的，或者把时限用圆括号标注后写在标题之后。

（4）"单位名称＋时限＋事由＋计划种类文种"，如《北京××大学2016年招生计划》。

（5）"单位名称＋时限＋事由＋文种＋计划成熟程度"，如《××省教育厅2015—2016年教育体制改革意见（初稿）》。可以用"初稿""讨论稿""征求意见稿"等来表明计划的成熟度，标出以便与最后成稿有所区别。

（二）正文

正文是计划的主体，主要由导言和具体事项两部分组成，也有由导言、具体事项及结尾三部分组成的。

1. 导言

导言不宜过长，主要介绍制订计划的理论依据、事实依据、行为目的或相关的背景分析以及对计划本身的说明或执行计划的要求等。导言要言简意赅，不能长篇大论，过多渲染，一般以"为了……"或"根据……"开首，并以"为此，特制订以下计划"为转入下文的过渡。

2. 具体事项

各种计划，虽然写法可能有所不同，但必须具备"三要素"，即目标、措施和步骤。正文具体事项这一部分是计划的最核心部分，必须将计划的"三要素"科学明确、主次分明地表达出来。

（1）目标。目标是计划要达到的工作要求或要完成的任务指标，务必写得具体、明确。这个目标的制定必须是实事求是、科学慎重的，应该经过充分的考虑、论证以后再决策。计划中提出的质量上的标准、数量上的要求等都必须准确清楚，并应注意留有余地，以备形势变化或突发事件，使计划确实成为下一阶段的指导，而又具有切实的可操作性。

（2）措施。措施是指围绕目标所进行的组织分工、物资保证、手段运用等一系列活动，这是计划实现的保证，要细致、全面地说明在什么方面、由什么人、用什么方法来做事，以确保计划实施，尤其是各种预案，一定要细致，环环落实，事事明确，甚至有时要制定出两套或几套预备方案以应对突发事件的发生。计划在这里的另一重要方面是写明督查要求，使工作在一开始就有督查，就处在被监控中，以避免或减少问题发生。

（3）步骤。步骤是实施计划的具体时间安排，由整体工作程序和各环节时间分配两部分组成。必须既考虑总体的把握，又充分保证每一环节衔接合理、张弛有序。

在具体写作安排上，计划可以把目标、措施、步骤分三部分逐一说明，也可具体列出工作内容后，再一一详细说明目标、措施和步骤。

3. 结尾

计划的结尾方式有多种，可根据需要进行选择。可以选择自然结尾，不必有任何提示性的语言。也可以明确地写出一句简单的结语。有时根据需要，可以把文章的重点在结尾部分再做一次强调，以起到提醒、警示的作用。又或者在结尾处适当展望未来，以鼓舞人心。

（三）落款

落款指计划的制定者和制定日期，应置于正文末尾右下方，有时可加盖公章以示郑重。若日期在标题中已出现过，则不必再重复标出。

三、计划类文书的写作要求

（一）计划要与宏观形势相一致

拟定计划时首先要了解掌握相关的政策方针、法律法规；还要了解掌握当下的经济动态或市场走向；更要对未来的形势有正确的认识和把握。如果只是就事论事地拟定计划，那也许对一些微观、具体的短期计划的拟定无碍，却一定不能把握时间跨度较长的计划。因此计划拟定时一定要有宏观的眼光，尤其在制定重大计划时，应充分考虑多种因素，并为计划的随时调整留有充分的余地，这是计划写作时必须注意的重要问题。

（二）计划要明确可行

计划是用来指引未来事务的，必须要做到明确可行。所谓明确，是指在计划类文书中，关于事务的目标、执行办法与步骤，检验方式等都应有明确的记述，不可采用模棱两可的话语说明，同时要尽量避免语言空洞、措辞含糊，让人费解。

（三）计划的语言要简明规范

计划在写作时应以叙述和说明为主要表达方式，体现这种方式的语言应该是简明扼要的。切忌在计划中大发议论，将"意义""精神"等大作阐发。在写作时，一定要用浅显明确、规范准确的词语来叙述、说明或解释所涉及的概念和术语。

第二节　计划类文书写作的案例分析

一、案例

案例 6 - 1　北京××西饼店以经营各类糕点为主，目前在全市已有 15 家分店，但考虑到公司的进一步发展，以及群众对西饼需求量的不断增长，经过市场调研，公司决定于 2016 年在全市再拓展 10 家分店，目标选取在有一定消费能力、小区较密集的街面。为此，公司需要做出一份分店拓展计划，以指引这项工作顺利开展。

二、事务分析

1. 事务的目标分析

案例中的分店拓展工作显然处理的是一件目前尚未实际发生的未来性事务，工作的核心是对发生在未来的企业经营管理事务做出预见性指导，对工作的各个方面做出统筹和安排，这是从资源的分配利用上、步骤的具体衔接上对这件未来事务做出时间上、空间上、要素上、环节上的一种统筹安排，用以指引工作的方向和目标，使工作尽量在合理的层面上逐步展开。因此本案例中对这件未来性事务做出计划和安排，主要有以下三个方面的目的。

（1）确定未来性事务的发展方向和发展目标。作为未来性事务，如果没有发展方向和发展目标，工作的开展就是盲目的，在操作中必然失去有效控制。最终，不仅会面临不可预估的管理风险，而且还会面临巨大的市场风险，导致全盘工作都陷入被动的境况。对未来性事务做出切实可行的稳妥计划，是有预见性地把工作纳入目标，纳入事务可能发生的发展趋势和规律中，加以有效控制，从而掌握工作上的主动权。这种预见性在市场环境下非常重要，企业发展必须建立在这种预见性基础之上。

（2）统筹安排与协调工作中的支持条件。统筹协调未来性事务得以实施的条件支持，使各部门之间在同一目标的指引下形成体系化，以共同的合力形成凝聚力，做好相互配合，提高工作效率和成功的概率。

（3）指导工作的具体实施。可操作性是建立在一定条件支持下的，对具体工作步骤的合理性安排，阶段性工作布置、步骤性工作分解与衔接、事务处理的先后顺序与衔接方式。通过工作步骤的合理分解及有效衔接，实现执行中的可操作性，从而对未来性事务给予明确的实施指导。这种指导不仅是工作思路、工作原则上的，而且更重要的是具体的操作步骤上的。

2. 事务处理的流程分析

作为对未来工作的一种思考和布置，计划的制定要按照以下步骤进行：

（1）环境分析和自身分析。环境分析的目的是要认清事务所处的具体环境状况，自身分析是为了认识自我，弄清在特定环境中的自我属性。

社会事务不能脱离特定的环境而存在，因此环境要素是我们在任何工作中都必须考虑的首要问题。脱离了环境就是脱离了现实。尤其现代市场经济瞬息万变，不考虑环境做事，终将会因缺乏针对性而遭遇失败。

环境要素包含有三个方面的含义：目前的环境状态、环境状态的历史发展规律、环境状态的未来发展趋势。只有将环境要素作为在历史中动态发展的分析对象，才能更好地把握它在未来可能出现的状态。利用环境中的有利因素，避开环境中的不利因素，并根据环境可能出现的变化及时调整自身行为，才能更好地实现行为目标。

开展一项工作，仅仅考虑了环境要素还不够，还要对在此环境中生存并发展的主体自身进行分析，主体自身的特点和属性决定了计划中的工作如何在环境里实现目标的另外一个关键要素。超出了自身条件所能承载的能力和范围，计划的工作必然遭到失败。

（2）事务处理的总体性部署。部署性分析是宏观分析，对未来性事务的处理必须首先从宏观上予以把握，根据事务所要实现的宏观目标，为总体工作勾画出清晰的逻辑框架，才有可能将其进一步分解，以便最终将工作的实施落实到可操作的层面上去。

（3）详细的步骤分解及任务安排。步骤分解是微观分析，是在总体性部署的框架范围内对各环节、各阶段、各要素进行的细化，是将目标进行层层分解，并落实到操作层面上去的一个过程。在这一过程中，计划的执行性分析非常重要，整个分解过程都必须慎重考虑步骤及步骤衔接之间的经济性和可操作性。只有具有可操作性的安排和部署才能对工作的开展起到实际指导作用。否则就失去了撰写工作计划的意义和价值。

由于计划是用来指导实施的依据，因此，为便于今后的工作考虑，在写作中应当以分条分项的方式，简洁明了地铺陈计划内容。同时，应注意内容的写作必须清晰易懂，对具体的部署与安排而言，必要的解说是不可或缺的。

（4）研究论证及修改完善。工作计划对未来的工作具有非常重要的指导性。因此，在计划草案做出后，不可贸然投入使用，必须对其做一番审视的研究和论证。论证期间要广泛征求各方面的意见和建议，并在此基础上对计划进行进一步完善，通过这种集思广益的方式尽量避免计划中可能存在的问题的出现。

3. 事务处理的效果分析

（1）计划的作用是确定目标，指导实施，并达到预期目的。如果制订了脱离实际的目标，就意味着计划的制订者没能认清主体与外在环境的发展历史、现实状况和未来动态发展趋势。这样的目标显然很难实现。

只有对种种可能的后果做出慎重的预测和判断，在计划制订的过程中充分考虑主体自身及外在环境要素的各种可能的变化，采取适当方式确定目标并预先做出稳妥的规划、安排和部署，计划才具有较强的预见性和可执行性，未来事务的展开才具有较强的可控制性。

（2）计划是提高工作效率的有效手段，也是事务管理水平的直接体现。工作计划是我们走向积极式工作的起点。有了工作计划，我们不需要被动等待就可以做到整体的统筹运作，团体和个人的工作效率自然也都提高了。因此改变了事务处理的随机性和人为性，在运作模式上使个人驱动变为系统驱动，实现了制度化管理和规范性运作，这是企业成长的必经之路，也是个人成长的有效手段。

三、写作分析

1. 写作思路

计划所涉及的是未来性事务，未来性事务必然要考虑以下五个方面的问题。

（1）"为什么做"是指做事的背景与原因；

（2）"做什么"是指计划事项的总体目标；

（3）"怎么做"是指对任务的分解以及实施策略和措施；

（4）"何时做"是对分解的任务和实施措施在时间上的安排、部署和衔接；

（5）"谁来做"是指各环节的工作如何分配到具体的部门与个人，也就是由谁来做总体统筹协调，各相关工作又由谁来具体实施。

只要把握了这五个要素及其相互的关系，就能做好未来性事务的计划。因此，在写计划时，必须对这五个方面做出综合分析和综合处理。

2. 行文的逻辑结构

计划的正文部分包括：概述或前言、计划的目标、目标实现的措施与方法、目标实现的阶段性安排（时间步骤的分解与衔接）、责任分配与人员部署、结尾等环节。

概述部分解决的是"为什么做"的问题，目的是说明计划制订的背景、目的、原因、依据，以及制定计划的指导思想和总体要求。由于这一部分是为主体部分做铺垫，在写作上要求按照简明扼要的原则处理，但如果需要，一定要说清楚、讲明白。

在概述的基础上，必须明确未来性事务工作的目标，目标的制订是解决"做什么"的问题。目标的制订是计划的关键所在，因此目标的制订应当从定性、定量的角度出发，依据任务的性质，结合考评的指标和标准，具体、明确地给出。

目标确定后，就要将目标分解到可执行的层面上去，这就是制订目标实现的措施和方法，是解决"怎么做"的问题。本案例中，具体体现为：开展分店的总体部署、总体条件支持、各分店经营用房的获得、分店装修、连锁店的物资采购与工艺保证、市场宣传与营销推广、规章管理制度的建设等一系列要素。

措施和方法明确后，就应该解决"何时做"的问题了。就是将计划中的规章在时间顺序上加以编排，时间上的阶段性决定了各项被分解的任务将以标题的组合方式落实到时间安排上去。对于复杂的事务，时间安排要充分考虑到各环节工作之间的有效衔接，以保证事务处理的总体高效。

再接下来，就是要确定每一环节的执行人员了，也就是解决"谁来做"的问题。只有做到职责分明，落实到人，工作才能按照既定计划顺利开展。

计划的最后一个部分是提出总体要求和展望。可以写出计划执行中是否进行必要的检查和验收，以及检查和验收结果是否作为人员考评及奖励的依据等。这样写作，可以使计划具有更强的执行力。

落款也是必不可少的。主要包括计划的制定者和成文日期。如果计划较长，且使用了封面，或者在标题下已经签署了这两项信息，落款可以省略。

本章测试

一、简答题

1. 请简述计划的概念及特点。

2. 请比较"计划、安排、设想、纲要、规划、方案"的异同。

3. 请说明计划类文书的写作要求。

二、写作实践题

请按照计划类文书的写作要求，完成案例 6 – 1 的写作实践。

第七章　总结类文书

■ 学习重点

掌握总结类文书的写作能力
了解总结类文书的概念、特点及写作要求
熟悉总结类文书的分类

■ 学习难点

真正掌握总结类文书的写作能力

第一节　概　述

一、总结类文书的基础知识

（一）总结类文书的概念

总结类文书是各机关、团体、企事业单位及个人对过去一段时期内的工作、生产、学习进行全面系统的回顾、分析、研究，在平时实践的零星认识中找出规律性的东西，使之升华为反映事物本质、理性的认识，进而成为今后实践的指导或借鉴的文书。就企业工作而言，总结是对计划的检验，是对实践的分析，也是对写作者的理论水平、认识水平的一种考验。通过总结，总结者可以吸取教训，获得经验；上级可以了解下情、掌握动态；其他单位可以借鉴经验以求共同提高。总结是人们在实践中检查工作、获取经验的一种有效的方式。

（二）总结类文书的特点

1. 实践性

总结类文书的实践性表现在两个方面：首先，总结是总结者在具体的工作、学习生活中的切实体会，真实心得。没有总结主体的实践，就不会有体会和心得，自然也就无从总结；其次，总结只能源自个体的实践，只能是第一人称的文书，不用第一人称就不是总结，可能是调查报告之类。所以总结一定要根据实践者自己的实践过程来写，说成绩不夸大，说问题不掩饰，看未来有依据，不人云亦云，不瞧上，不唯书，只唯实，这样才能真正体现总结的意义和价值。

2. 理论性

如果只是将具体的工作介绍一番，就事论事地反映一下，是不能起到由点带面、触类旁通的效果的。总结就是将一次实践的得失、一种局部的做法、一个个人的体会扩大为对其他、对全局、对他人都有益的经验，这就决定了总结必须具有理论性。

3. 启发性

总结以已完成的某项工作实践为反映对象，通过归纳经验或反思教训来探求规律性，用规律性指导今后的工作，以便取得更大的成绩。指导实际工作，给自己或他人以启示，这是写作总结的出发点，也是它的最终目的。因此，我们有时可以通过阅读前人的总结，认识当事人所处的时代和环境，从当时的实践中寻找对今天有益的启发和帮助。

（三）总结类文书的种类

总结可按时间、内容、范围分为不同的类别，具体分类如下。

1. 按时间划分，可分为年度总结、季度总结和月总结

这类总结既可写成自始至终的全过程总结，也可写成阶段性总结。这要视实际要求而定，除了年、季、月总结外，根据需要，有时还可以有周总结、日总结等。

2. 按内容分，可以分为综合性总结和专题性总结

综合性总结也称全面总结，一般单位的年终总结常用这一类型。综合性总结是对各项工作的全面回顾，务求重点突出，避免面面俱到、没有中心和重点。专题性总结也称单项总结，这是对某项任务的经验或教训所做的总结，内容集中而有针对性，在日常工作、学习和生活中被广泛应用。

3. 按写作者分，可分为单位总结和个人总结

这两种总结，在归纳总结以往工作的一般优、缺点的同时，还应力求从理论的高度对已经形成、出现的经验和教训进行概括，以便举一反三，从点到面，让总结发挥更大的效用。

二、总结类文书的格式

总结类文书与计划类文书一样，并无绝对的格式规定。但在实践中，总结一般都是以文件式的方法进行结构谋篇的，其总体构成包括标题、正文和落款三部分。

（一）标题

总结的标题总体要求与计划相同，其组成部分也有顺序要求。具体来讲，要根据内容、目的的不同来确定具体的写法。可以有以下三种写法。

（1）单位名称＋时间＋事由＋文种，这是总结的最完整的标题格式，有时也被称为公文式标题。如《农业部 2009 年财务工作总结》。

（2）单位名称、时间、事由、文种等要素根据需要任意组合，也就是说在标题中只显现必要的基本要素，不要求大而全。如《2009—2010 学年第一学期教学小结》，就是由时间、事由和文种构成的标题；《销售工作总结》只是事由和文种的简单组合而成；《海天贸易有限公司工作总结》是由单位名称＋事由＋文种构成。可以看出，选择哪一要素出现在标题中，完全是根据实际需要而定的。

（3）新闻式标题。有时采用正、副标题的形式来完成，正标题是对总结内容的概括，副标题则是由公文式标题构成，二者一虚一实，相互配合，相得益彰。有时也采用概括式标题，把文章的主要内容概括出来作为标题，一目了然，明确清晰。如《关注市场　了解市场　把握市场》就是通过概括文章内容而得出的标题；《无限风光在险峰——2009 年 QI 产品市场抢滩情况总结》采用的是正、副标题的形式。

（二）正文

总结的正文结构可以以时间为主线纵向安排，也可以以事理逻辑安排模式结构。无论是何种结构方式，总结都应该包括以下三点内容。

1. 前言部分

总结的前言，也就是总结的开头，一般包括以下四种写法。

（1）概述式：概括介绍基本情况（工作背景、时间、地点等）。

（2）结论式：提出总结的结论，使读者明白总结的核心所在。

（3）提示式：对工作的主要内容进行提示性的简要概括。

（4）提问式：开头提出问题以引起读者对该文的关注，明确总结的重点。

2. 主体部分

主体部分一般由基本情况、经验和教训、设想和安排等内容构成。

（1）基本情况介绍。在这一部分，对事情的时间、地点、任务、执行情况、有哪些收获、取得了什么样的成绩等情况做一简单介绍，可长可短，根据实际需要而定，但必须高度概括。

（2）经验和教训。这一部分要对工作中的总体情况做一整体分析，总结出所取得的成绩、经验，找出规律，以便对今后的工作有一定的指导作用。同时，对工作中出现的失误、错误，要明确认识，总结教训，并应提出相应的整改办法及应对措施。主体部分的结构形式常常采用"情况——经验——问题——建议"的模式来完成，这是写总结的传统方法。当然，根据需要也可以采用其他方式来进行总结。比如可采用阶段式写法来完成。这种写法常用于对周期长、阶段性显著的工作进行总结，把整个工作过程按时间顺序划分为若干阶段进行总结。或者采用并列式写法来完成。也就是以具体的工作项目为顺序，把要总结的内容按性质逐条排列，夹叙夹议，这种形式较适用于专题性总结。此外，也可按时间的顺序、围绕的中心、突出的重点等进行总结，还可按文章的自然段落安排行文的层次。

（3）设想和安排。总结是为了推广先进、借鉴经验、吸取教训，从而把以后的工作做得更好。因此在总结中一般都应包括对未来的设想和展望。在对以往工作总结的基础上，提出今后努力的方向是十分自然的，也是十分必要的，但在写作上一定要注意简洁，点到为止。

3. 文尾部分

如果总结是以主要负责人的名义做的，署名在标题下标注即可。如果总结是以单位部门的名义做的，署名可在标题下，也可在文末。若标题中出现了单位名称或个人姓名，可不另署名。文末署名应在正文右下方。而标题处署名则或置于标题下居中部位，或置于标题下偏右侧。成文日期可以加上圆括号置于标题下居中部位，亦可不加括号置于文末右下方。

三、总结类文书的写作要求

1. 坚持实事求是的态度

坚持实事求是的态度，这一要求包含两个方面：一是作者必须严肃地正视总结对象的客观存在，不能用个人好恶感情代替或随意改变事实；二是作者对工作进行研究、分析时，所形成的结论、认识必须是客观事实的本质内涵，因为写总结的目的就是要从对过去的回顾中汲取经验教训以指导今后的工作。

2. 占有充足的材料

总结必须建立在事实的基础上，而对构成事实的要素，如时间、速度、空间变迁、人员构成、不可变因素及各种偶发因素等，均需做详尽的调查研究，掌握真实的数据信息。没有丰富的实际材料作为叙述、归纳和评判的基础，总结的内容就很难做到准确、全面、客观、公正。因此，占有充足的材料是写好总结的前提。

3. 以理论的眼光分析

总结不能堆砌材料，而要在材料中得出独到的结论，使之上升为规律性的东西。规律性的东西不是靠词语表示，而是靠理论和逻辑的力量来显现的。因此，写作者应具有一定的理论知识，善于归纳，善于提炼，善于从得失中寻根问底，找出此事物与其他事物的联系，使个别现象显现出一般的意义，起到对一般事物都有借鉴作用的效果。事实上，衡量评价总结类文书写作水平的优劣高下，就是看文稿的理论体现如何。

4. 语言表达力求准确

工作总结不仅要求典型性，而且同时也要求准确性。内容的准确性，除了与作者的立场、观点、方法等因素相关之外，还和语言表达有着密切的关系。这里重点说一下在总结中经常用的概数、倍数和百分数。

（1）概数。

概数是表示大约、大概的数据。一般用于非重点数据的叙述。在使用时要注意以下两点。

①如果有文字表示了"大概、大约"之意，其后数字要使用确数，不可再使用概数。如"我们学校大约有5000多人"，这样的表达显得啰唆、不规范。我们应该说："我校在校生有5000多人。"或者说："我校在校生大约有5000人。"

②概数不能用分数、百分数表示。分数、百分数其实都是确数，是精确的

数字表达。我们要表示概数可以用相邻数字表示，如"四五个""一二十天"等；也可用确数加上"前后""左右"等构成，如"二十号前后""三十个左右"，切记数字部分一定要用确数表达。

（2）倍数。

倍数用来表示数量的增加，且只表示数量的增加，不可表示数量的减少。表示数量的减少要用百分数、分数。如"我校今年招生人数比去年减少了0.2倍"，这样的表述是不规范的，应该说："我校今年的招生人数比去年减少了20%。"

（3）分数、百分数。

它们既可以表示数量增加，又可表示数量的减少，是"通用型"的数字。但在表示数量变化时，应注意"到"和"了"的使用。"到"，表示包括原基数；"了"不包括某一基数，仅表示净增或净减的数量。

5. 恰当拟制小标题

在总结的写作中适当地使用小标题，可以使文章的条理更清晰，既便于写作者的写作，又便于阅读者的阅读。小标题大致可以分为两种：一是议论式标题；二是范围式标题。

（1）议论式小标题。这类标题直接体现作者的一种认识和观点，并且常常是对本层次内容的概括，居于"纲"的地位。在表达上要求直截了当、鲜明集中，便于读者迅速抓住本层次中心，掌握主要内容。

（2）范围式小标题。这类标题常常侧重于对反映对象的间接描述，只指示理解的方向，仅提供对内容把握的范围，而不直接揭示观点。范围式小标题，一般相对含蓄，引人思索。

第二节　总结类文书的案例分析

一、案例描述

案例7-1　北京××照明工程有限公司在2016年年终考核中，设计部因工作成绩突出，被授予"2016年度优秀部门"称号。总经理要求设计部提交一份工作总结，准备将该部门在2016年工作中的成功经验推广到全公司，以促进全公司各部门在今后的工作中不断提升工作水平和工作绩效。设计部经理该如何写作这份工作总结？

案例7-2 北京××照明工程有限公司于2016年11月完成了北京家家快捷酒店室内外照明工程建设项目后，经盘点，工作中有很多亮点。但也存在一些问题，为使各部门对今后的工作有更清醒的认识，总经理要求各部门针对该项目分别做出工作总结，以使公司从总体上了解各部门在该项目中的工作情况，并通过该形式，促使各部门认真回顾和审视工作中的经验和教训，并指出其中的原因，以便对今后的工作有所帮助。

案例7-3 北京××照明工程有限公司2016年年终对工作人员进行考评中，要求每位员工均对自己的本职工作做出年终总结，目的是让每位员工的上级领导掌握员工的一年工作情况。另外，各部门经理还应做出本部门工作总结，统一提交总经理，作为工作考评的依据。设计部经理王志对此却感到很为难，因为他不清楚自己究竟该写几份总结。在他看来，设计部经理的工作就是整个设计部的工作，部门工作总结其实与部门经理的个人总结是同一回事。

二、事务分析

（一）案例7-1分析

1. 事务处理的目标分析

本案例中，公司要求设计部写一份总结，其目的是在全公司推广设计部的成功经验。因此，设计部在写作这份总结时，要把成功的经验系统化、理论化，通过对具体事例的分析得出一定的规律，以便把经验推广，从而帮助其他部门提高认识水平和工作水平。

2. 事务处理的流程分析

为了写好这份总结，需要做的工作分为以下三步。

（1）有针对性地回顾既往工作。写总结，就是要对所做工作有所认识。首先，要明确时间段，本案例的时间应该包括2016年全年。但一个部门在一年中的工作是非常繁复的，因此根据写作目的有针对性地回顾非常必要。本案例中，回顾的重点应该是本部门在2016年中取得有效成绩的各个事件。这些事件可能很多，无论让哪一个人去想都可能有所遗漏，所以通过查找工作档案来完成工作回顾是最好的选择。

（2）找出工作中的重点并归类分析。要想从一些琐碎的事件中总结出规律，一定要对所做事件归类，这样才便于总结，发现规律。因此，要求总结者能够认清各项工作之间的关系，站在一定的理论高度，从宏观上对工作情况做出回顾和盘点，将感性认识上升到理性分析的高度，更好地实现从经验性的工作内容向理性总结的飞跃和升华。

（3）文书写作与使用。文书写作既是对既往工作进行盘点的结果，又是实现这种盘点的过程和手段。写总结是对既往事务盘点的继续、深化和不断调整。而总结的使用，尤其是这类经验型总结的使用也是不容忽视的环节，它能够让总结真实地发挥最大效用。

（二）案例 7 - 2 分析

1. 事务处理的目标分析

本案例中，总结的写作时间是在一项工作顺利结束后，因此，该总结应该是针对此项工作的专题性总结，而且主要应为对工作经验的总结。通过此总结的推广，引导各部门掌握工作中的一般规律，增强对未来工作的自觉性、科学性，扬长避短，达到对未来工作有帮助的目的，指引公司今后取得更大的进步。

2. 事务处理的流程分析

为了写作这份总结，需要做的工作分为以下三步。

（1）回顾项目完成情况。在该项目中，设计部担任了什么角色，执行了什么任务，在完成工作过程中采取了哪些措施，这些措施对完成工作起了何种作用，设计部在该项目中的所有任务是否全部完成。依据事实，做全面盘点。

（2）找出工作中的典型事例和重点事件进行深入分析。这份总结也是经验型的，因此需要写作者通过对典型事例和重点事例的分析，得出理性的认识，总结出规律性的东西，以便在公司内部推广、学习。

（3）文书写作与使用。有了感性认识和理性分析，就能从具体事例的感性认识中得出一般性结论，这就使从实践中得到的经验和教训产生对今后的实践具有指导的作用，文书写作思路也会较清晰。文书写作完成以后，本部门要组织学习，另外，还要向上级管理部门提交，使上级主管部门全面了解本部门的具体工作情况。

（三）文书类型分析

案例 7 - 1 的工作总结从时间跨度分为年度总结，需要对全年的工作有一个全面回顾；从写作内容来分，为经验型总结，侧重于在回顾既往工作的过程中提炼成功经验，目的性和针对性较强。

案例 7-2 的工作总结从时间上来划分，属于阶段性总结，它的时间段是这一项任务的完成时间内。从写作内容来划分，属于专项工作总结，内容只涉及这一项任务的完成，其他任何事情均无须提及。从写作者来划分，属于部门总结。

案例 7-3 的工作总结应该包括两份，一份是针对部门的，是部门工作总结；而另一份是针对个人的，是个人工作总结。从时间段来看，无论是个人总结还是部门总结，都应为年度总结。

（四）文书的行文逻辑分析

在前一节，我们已经学习了总结的一般写法，在这里只是针对正文部分的内容做分析说明。

正文是总结的核心部分，正文的逻辑层次要清晰，在写作中可以采用设立小标题的形式，以便读者把握脉络。但出色的总结一定要有清晰的行文逻辑支撑才可以。

一般的总结写作时本着这样的思路来展开：做了什么、结果如何、怎么做的、体会如何。写作者可以根据总结的具体类型来选择具体的写作内容，但每一部分的写作都应以事实为依据，通过对事例的分析，得出规律性的东西，以指引自己或其他人在今后工作中更好地实现既定目标，这也正是写总结的初衷。

针对工作成绩的总结，可以按如下思路展开写作。

（1）回顾既往工作的具体思路、策略、态度、方法。

（2）陈述处理事务的具体措施和做法。

（3）凝炼出工作中所取得的成绩。

（4）通过分析和提炼，以结论的方式指出成功的原因和成功的经验。

针对工作中的失误、不足和教训，可以按如下思路展开写作。

（1）回顾既往的工作思路、策略、态度、方法。

（2）总结工作中存在的失误和不足。

（3）分析失误和不足对工作的开展产生了什么不良影响。

（4）面对问题，采取了哪些补救措施，效果如何。

（5）为什么会出现这种失误和不足，教训何在。

（6）如何从根本上解决问题，今后的工作中如何避免再犯类似的错误。

三、工作总结与工作报告的比较

工作总结和工作报告会有一些相似之处，它们都是对过去工作的回顾，都有指引未来工作的功效，但它们确实属于两个文种，具体分析如下。

1. 工作总结的文种特征

总结的目的是以通过回顾历史的方式展望未来，从历史中汲取对未来工作有益的经验教训，它是对工作情况、工作成绩、经验教训进行盘点和评价，写作中必须立足于具体的工作，理清在工作中采取的措施和取得的成效，找出工作中的重点、亮点、问题和不足，并将之从感性的层面上升到理性的高度，提炼出相应的经验和教训。

总结虽然常常上交上级部门，作为上级部门了解下级部门工作情况的有效方式，但其更为重要的使用方式是对总结者自身工作的评析和回顾，这种评析和回顾能有效促进报告者今后的工作，心得体会是其最终的落脚点。

2. 工作报告的文种特征

报告分为三大类：汇报工作、答复询问和情况报告。明显地，它的使用范围要比总结大很多。无论是哪一种报告，只需对事实有一明确真实的描述即可，不需要做分析、提炼，无须从感性到理性的提炼。报告只要写清发生了什么情况，做了什么工作，还存在什么问题，该如何解决问题，有什么请求和建议即可。

另外，报告的写作往往只是为了提交上级部门，并不包含指导本部门工作的目的。如果是为了向上级汇报工作，就仅仅是让上级了解工作情况，写作中要侧重写做了什么，效果如何，没必要分析原因，也较少去谈问题和不足。如果是对突发情况的报告，就侧重谈发生了什么情况，针对这种情况做了什么工作，效果如何，还存在什么问题，以及进一步解决问题还需要做什么，打算怎么做等。如果是为了答复询问，只需围绕询问的问题做具体说明即可。

本 章 测 试

一、判断题

1. 写总结不一定必须使用第一人称。　　　　　　　　　（　　　）

2. 总结是对计划的检验。　　　　　　　　　　　　　（　　　）

3. 总结的正文可以有横式和纵式两种结构安排。　　　　（　　　）

4. 根据需要，总结有时既报喜，又报忧。 （　　）

5. 总结要把感性认识上升到理性认识的高度。 （　　）

二、简答题

1. 请简述总结类文书的概念和特点。

2. 请简要说明总结类文书的类别。

三、写作实践题

请按照要求，完成本章三个案例中的任意两个。

第八章　市场调查报告

■ 学习重点

　　掌握市场调查报告、市场预测报告的写作要求及实际写作能力

　　了解市场调查报告、市场预测报告的概念及特点；了解市场调查报告、市场预测报告、市场分析报告的异同

　　熟悉市场调查报告、市场预测报告的分类

■ 学习难点

　　区分市场调查报告、市场分析报告、市场预测报告的异同；真正掌握三类报告的写作能力，能够根据需要写出合格、适用的文章

第一节　市场调查报告的基础知识

一、市场调查报告的概念和特点

（一）市场调查报告的概念

市场调查报告是诸多调查报告中的一种，它是对市场进行深入调查研究后，对调查所获得的信息资料进行系统、科学和周密的整理，根据实际需要进行分析、归纳、综合后撰写的书面报告。它是记述市场调查成果的一种经济应用文。市场调查是市场调查报告写作的前提和基础，写作者要在市场调查的基础上，对整个生产、销售环节，对原材料和产品价格，对供应和需求关系等做出研究分析，并就此提出相关的建议、对策，使社会公众知晓，供决策者参考。

（二）市场调查报告的特点

（1）针对性。市场调查报告的性质决定了它必须具有现实的针对性，具体体现为市场调查报告的写作要有明确的目的性。市场调查报告的写作或者是为了总结市场上出现的新经验；或者是为了吸取在市场里得到的新教训；或者是为了反映新情况；又或者为了探明事情的真相，以了解问题的来龙去脉。无论是哪一种写作目的都要求市场调查报告必须是现实经济生活的反映，而不是历史的回顾，是在实践的基础上对未来的预测和调整而不是大胆的揣测。因此，市场调查报告必须在调查的基础上，循着政策的导向，寻求解决问题的途径。要选准调查范围，设计调查方案，有的放矢地进行调查和写作。

（2）真实性。尊重客观事实，依据事实说话。不虚构、不臆测、不武断是体现真实的基本要求。材料的真实是保证市场调查报告真实性的前提。市场调查报告涉及的一切材料，诸如历史资料、现实材料、典型事例、统计数据等都必须言之有据、准确无误。另外，恰当的调查方法的选择也是保证市场调查报告真实性的可靠手段。要根据不同的调查对象、调查范围，选择恰当合理的调查方法，获取真实、丰富、可靠的材料，以确保调查报告的真实。

（3）典型性。一份好的调查报告，应该是通过对典型且带有普遍意义的事例的分析、总结而得出的。这样的调查报告才会对市场有指导意义。如果调查结论的得出仅仅通过对一两个偶发事件的分析，那结论的普遍意义便会大打折扣。要写出具有典型价值的调查报告，必须注意两点：一是对调查得来的所有材料，要进行科学的分析研究，从中找出规律性的东西，反映市场变化的内在规律；二是报告的结论要准确可靠，在结论基础上提出的建议必须切实可行，有较为广泛的适应性和实实在在的可操作性。

（4）时效性。市场从来都不是刻板地按照人的意志运转的简单受控对象，而是循着市场自身的规律，不以人的意志为转移地向前发展。为了把握市场，市场调查报告必须要经常进行，要赶上市场发展的步伐。讲究时效，从另一个角度来说是要求对市场有直接的指导作用，不能报告是报告，市场是市场，两者分离。市场调查报告总是既有宏观眼光又有微观关注的调研分析结果，以此凸显其时效性。

（三）市场调查报告的类型

市场调查报告的类型很多，依据不同标准，从不同角度，可以把市场调查报告分为多种类型。

（1）按照写作目的、内容的不同，市场调查报告可分为情况调查报告、事件调查报告、经验调查报告和问题调查报告等类型。

情况调查报告以叙述情况、描述事实为主，较少分析、议论，主要为相关部门、相关人员掌握客观、及时的资料服务。

事件调查报告针对现实经济生活中的突出事件，把所调查事件的来龙去脉、前因后果、背景材料以及有关情况清晰而完整地陈述处理。也是以叙述为主，较少议论。

经验调查报告是对典型事例的调查分析，其政策性、理论性较强，具有普遍的指导意义。

问题调查报告重在反映工作中的不足之处，目的是为了揭露问题，剖析问题，寻求解决问题的方案和办法。

（2）按照市场调查报告的文体特点划分，市场调查报告可分为通讯式调查报告、论说式调查报告和总结式调查报告。

通讯式调查报告侧重于对调查过程和调查的情况加以叙述，使读者对调查对象产生鲜明而深刻的印象。论说式调查报告侧重于对调查的材料进行分析、论证，阐述由论证形成的完整的见解，并以此来引导读者。

总结式调查报告是通讯式和论说式两种方式的结合，它既全面地反映实际情况，又有较浓重的理论色彩，使读者对调查的对象和作者通过分析、归纳得出的结论都有深刻的印象。

二、市场调查报告的写作

（一）标题

市场调查报告的标题写作形式较为灵活，没有统一的规定，写作者可根据调查报告所涉及的对象、调查的内容、调查的范围等要素构成标题。也可将调查中发现的主要问题或基本情况提到主标题上，然后再以副标题说明内容。但不管采用哪种标题构成，都须在标题中凸显"调查"两字，而"报告"却是可有可无的。具体有下列三种方式。

（1）《2015年LED液晶电视市场供求调查报告》，此标题中凸显了调查时限、调查范围和调查内容。

（2）《北京地区LED液晶电视市场供求调查报告》，此标题中凸显了调查地区、调查范围和调查内容。

（3）《市场广阔　竞争激烈——LED液晶电视市场供求调查报告》，采用的是正、副标题的形式，在正标题中显示了调查的结论，副标题对调查内容做更进一步的说明。

（二）正文

调查报告的正文一般包括三个部分：前言、主体和结尾。

1. 前言部分

前言也称为引言或总说，是调查报告的开头部分，主要交代调查的缘起、目的、时间、范围、对象和所调查的内容、采用的调查方法等基本要素。有时还需在此交代清楚调查人员的组成情况。另外，如果有需要，也可在这一部分对全文的主要内容和观点做一概括说明。

2. 主体部分

主体是全文的主干，一般由情况介绍、问题分析和预测或建议这三大块组成。结构上可以时间为轴纵向叙述，也可以事情为轴横向描述。若是问题复杂、篇幅较长的调查报告可以将时间和事例结合，纵横交合地进行叙述。如果把主体部分的内容细分，主要包括以下八点。

（1）说明调查目的及所要解决的问题；

（2）介绍市场背景资料；

（3）市场调查及分析的方法介绍；

（4）调研数据及其分析；

（5）提出论点和看法；

（6）论证所提观点的基本理由；

（7）提出解决问题可供选择的建议、方案和步骤；

（8）预测可能遇到的风险、对策。

这些内容可简化为三个逻辑层次，即前面提到的情况介绍、问题分析、预测及建议。

通过"情况介绍"部分，阅读者可以了解调查报告的基本情况、基本信息，可以判断一份调查报告的意义与价值。因此，情况介绍部分应简洁地展现以下几个方面的内容：调查的背景缘由、调查的实际目的、调查的对象、调查的范围、调查的方法、调查的手段、调查的过程等。如果这些信息在前言中已有所交代，则不必再赘述。

"问题分析"是市场调查报告的核心内容。它包含了两个方面的问题：信息是如何处理的，这种处理使调查者得出了何种结论。信息的处理是作为进一步分析的基础，因此在正文中应当简单地概述信息的处理方式，各种不同的信息以何种方式被使用，这些被使用的信息如何在分析中使调查者得出市场状况如何的结论，其动态发展趋势如何，这些都是正文部分应当重点展开的内容。在完成信息分析之后，结论自然也就会呈现出来了。在具体处理过程中，可以先把整理好的信息所呈现出来的市场情况加以概括和介绍，然后再对这些信息进行深入分析，采取论证的方式得出市场变化规律的结论性意见。

这一部分的写作可以采用两种不同的方式。可以按照事务或信息的性质划分为相对独立的不同版块，进而分项并列处理；亦可按照事务所含要素之间的逻辑关系或者信息之间的逻辑关系，层层递进、依次处理。

"预测或建议"部分要谨慎，虽未必要具体列出实施方案，但却不得空发议论或虚张声势，要针对现状拿出有价值的意见。倘若无意见或不便于写意见，则可省去这一部分。如若要写，则必须切入实际，使所写内容真正对事务的决策和处理有实际参考价值。

市场调查报告的结尾没有特定的写作格式，因写作内容及写作目的的不同而写法各有差异。但无论结尾部分如何写作，都不宜过长，应以简明精炼为基本原则。

如果市场调查报告的主体部分内容相对简单，且在报告主体部分将需要介绍、分析的情况都已交代清楚，就可自然结尾，不必再加所谓的结尾部分。如果正文主体部分内容相对复杂，就可在结尾部分对主体部分的内容做一概况性的陈述，或者对调查中存在的问题及未来可能出现的风险及应对措施等做一交代和说明，或者在结尾部分写出总结式的意见。

为了显示市场调查报告的严肃性及规范性，一般在市场调查报告的结尾部分标注撰写人（或团队）名称及报告完成时间。如果市场调查报告是受委托而作，则应将委托方、完成者及完成时间分别交代清楚。

三、市场调查报告的写作要求

1. 调查要科学全面

调查是市场调查报告的写作基础，没有调查就没有发言权，就不能进行写作。所以，在进行写作前，调查工作要科学全面。科学是指一定要用科学的调查方法进行调查。这里的"科学方法"并不仅指各种不同方法的名称，更是指用最适合此次调查目的和调查对象的方法。定量调查、定性调查、统计调查等各种调查方法，选择的唯一标准就是它是否适用于此次调查的特定内容。"全面"则指所选择的方法能最大限度地覆盖被调查内容，从而反映最真实的问题。调查的科学全面不仅是调查报告的写作基础，也是作者对市场调查报告的写作态度的反映。

2. 报告要实事求是

在科学全面调查的基础上，报告的写作要坚持实事求是的态度。实事求是首先是指对调查所得材料有实事求是的认识。材料有多大力度只能得出多大力度的结论，切不可任意拔高、夸大或危言耸听。实事求是并要求作者以事实为依据，不能迎合某些人的需要而对事实进行非真实合理的裁剪。实事求是还要求作者要谨慎对待调查中得来的各种数据，考察各种数据的真实性，不能被数据欺骗，也不能乱写报告，误导阅读者。

3. 写作要理论严密

市场调查报告不是市场的表象反映，而是内在的运动的反映。因此，写作时一定要凸显其理论性。这就要求作者本人应具有一定的理论修养和政策水平，了解一般经济规律和国家相关的经济政策、法律法规，才能发现问题、理解原因、分析透彻、解决有方。另外，逻辑要严密，因果要明确，隐忧要彰显，方向要揭示。所有这些都是通过文章的理论性体现的，不能将事实罗列一番之后，说几句空话完事。写作时要突出重点，分清主次，没有理论的支撑，市场调查报告就失去了意义。市场调查报告之所以能成为决策的依据之一，正是因为它有理论的基础，才提升了作用。

四、市场调查方法

市场调查方法的选择需要根据调查内容和调查目的来确定，但无论如何要选择恰当的、适应的方法以求得到客观的、相对准确的调查结果。有一个案例很鲜明地体现了调查方法选择的重要性。

2008 年北京奥运会期间，政府规定机动车单双号行驶，这一举措不仅改变了交通状况，也使北京的空气质量有所提升。因此，北京市政府需要决策是否在奥运之后继续施行机动车单双号上路的政策。市政府委派某公司做民意调查。该公司采用的是电话入户调查的方式，这无可厚非，但其打电话的时间段值得商榷。公司安排员工每天在上班时间（每周一到周五早 9：00—晚 5：00）打电话入户调查，其结论是 80% 的民众支持机动车单双号上路。稍作分析，我们就可以看出这份调查的结果是无效的，是会误导决策者的结果。因为电话入户调查的时间造就了这一结论的产生。每个工作日早上九点至下午五点，大部分私家车主都外出工作，很少会留在家中。而这时能接听电话的被访者，大部分应该是非驾驶员，他们当然支持机动车单双号行驶了。

市场调查的方法有很多种，这里重点介绍以下四种。

1. 观察法

观察法是市场调查研究的最基本的方法。它是由调查人员针对调查研究的对象，利用眼睛、耳朵等感官以直接观察的方式对其进行考察并收集资料的方法。例如，市场调查人员到被访问者的销售场所去观察商品的品牌及包装情况等。

2. 实验法

实验法是由调查人员根据调查的要求，用实验的方式，将调查的对象控制在特定的环境条件下，对其进行观察以获得相应的信息。控制对象可以是产品的价格、品质、包装等，在可控制的条件下观察市场现象，揭示在自然条件下不易发现的市场规律。这种方法主要用于市场销售实验和消费者使用实验。

3. 访问法

访问法可以分为结构式访问、无结构式访问和集体访问。结构式访问是事先设计好的、有一定结构的访问问卷的访问。调查人员要按照事先设计好的调查表或访问提纲进行访问，要以相同的提问方式和记录方式进行访问。提问的语气和态度也要尽可能地保持一致。无结构式访问是指没有统一问卷，由调查人员与被访问者自由交谈的访问。它可以根据调查的内容，进行广泛的交流。如对商品的价格进行交谈，了解被调查者对价格的看法。集体访问是通过集体座谈的方式听取被访问者的想法，收集信息资料。可以分为专家集体访问和消费者集体访问。

4. 问卷法

问卷法是通过设计调查问卷，让被调查者填写调查表的方式获得所调查对象的信息。在调查中将调查的资料设计成问卷后，让接受调查对象将自己的意见或答案填入问卷中。在一般进行的实地调查中，问卷法采用最广。

第二节　市场预测报告

一、市场预测报告的概念和特点

（一）市场预测报告的概念

市场预测报告是一种特殊的市场调查报告。它是在市场调查和市场分析的基础上，运用各种科学的分析方法和手段，对市场进一步发展的趋势做出预见与判断的分析性书面报告。

（二）市场预测报告的特点

1. 预见性

预见性是每一份市场预测报告必须要具备的特点，这是由报告性质决定的。要想充分体现预见性就必须做好信息的采集工作，要充分、全面、准确地掌握信息资料；同时要选取科学、恰当的分析方法对数据进行分析，获取第一手资料，这样才能保证预见性的价值体现。

2. 全面性

一项经济活动从酝酿、启动、实施到结束，都是处在整个社会经济开放的体系中，与其他经济活动不可避免地联系在一起。无论是宏观的经济调控，还是具体的业务处理，都必须把经济活动放在社会活动的系统中，从多方面、多角度综合各种因素去考虑，只有这样才有可能做出正确的推断和预测。因此，市场预测报告的写作要求充分体现全面性，这也是保证预测准确的基础。

3. 时效性

市场预测报告是对市场未来发展趋势的预测，预测的目的是为了指导经济活动。因此，这个预测一定要及时，要把握好时机。这就要求市场预测报告的写作者要有信息的敏感度，同时要有很强的执行力。在瞬息万变的市场环境中，能够及时、准确地就某一问题进行调查，从而对市场发展趋势做出相当正确的判断与预测，以指导经济活动的开展，打有准备之战，从容面对各项变化，有条不紊地开展各项工作，这一切都要求市场预测报告必须体现时效性。

4. 指导性

市场预测报告具有很强的实用性，这也是其价值的具体体现。一份正确的预测报告，可以科学地指引经济活动的开展，顺应市场发展的趋势，充分利用市场的有利条件，获取利益的最大化。当然，要使一份市场预测报告有充分的指导性，就必须要在报告中体现出全面性和时效性。

因此，市场预测报告的这四个特点是相辅相成的，只有具备了这四个方面的特点，才能保证市场预测报告是合格的，是有效的。

二、市场预测报告的分类和作用

（一）市场预测报告的分类

按照不同的标准，可以把市场预测报告分为不同的种类。日常工作中最常见的分类有以下三种。

1. 宏观预测报告和微观预测报告

根据经济活动范围的不同，可以把预测分为宏观预测与微观预测两大类。宏观预测是从宏观经济管理的角度，对市场总体的发展方向进行综合性预测；微观预测是从某一具体的经济应用角度出发，对影响该经济活动的市场环境进行预测。在实际工作中，宏观预测与微观预测并不是相互脱离的，而是相辅相成的。宏观预测以微观预测为基础，微观预测以宏观预测为指导。

2. 短期预测报告、中期预测报告与长期预测报告

根据时间的长短，可以把预测分为短期预测、中期预测和长期预测。短期预测一般预测时间在一至两年，一年以上至五年（含五年）的预测我们称其为中期预测，长期预测则是指五年以上的预测，而一年之内的预测我们称其为近期预测。

3. 探索性预测报告和目标性预测报告

如果对预测事先没有明确的要求，只是通过对经济发展的过去和现状的分析推动未来变化而形成的报告，被称为探索性报告；如在事前提出参考目标，为研究目标的实现寻求最佳途径，对目标实现过程中可能出现的各种变化及其后果进行分析、推断而形成的报告，则称其为目标性预测报告。

（二）市场预测报告的作用

市场预测报告的作用主要体现在以下三个方面。

1. 预测作用

预知未来市场的变化，是经济发展的客观需要。通过市场预测，可以预见未来市场的某些情况，及时了解市场变化，准备应对措施。对于生产企业来讲，通过预测，可以让企业根据市场供需变化指引生产，避免盲目生产造成不必要的损失。因此，对市场进行预测，可以为调整国民收入的积累和消费的比例，调整生产结构和投资结构发挥积极作用。

2. 调整作用

通过市场预测，可以预见市场主要商品需求的变化趋势，为调整产品的生产和经营提供依据。为开拓市场，扩大经营提供信息。就企业来讲，其生存与发展的关键在于不断地提高市场占有率。为此，必须对市场发展趋势、市场潜在购买力、消费者心理倾向、同行业其他企业经营状况等外部环境做周密的分析预测，为企业决策的调整提供依据，使企业把握发展机会。

3. 指导作用

市场预测分析是企业提高经营管理水平的重要条件和手段。在预测分析的基础上，企业的生产经营活动摆脱了盲目性、随意性，在预测分析的指导下，生产经营活动能尽可能有序、合理地进行，这样就有可能取得最佳的经济效益。

三、市场预测报告的写作要求

（一）确定明确的预测目标

只有明确了预测对象和目标，才能使市场预测行为有明确的针对性和目的性。预测对象和预测目标是有机地联系在一起的，预测对象和预测目标一旦确定，预测报告的总纲也就随之成立了，报告结构的组织安排等事项也就有所依了。

（二）占有充分的调研资料

市场预测报告必须以全面、完整的资料、数据作为依据，因此，必须做好两个方面的工作：一是认真调研，把基础工作做到位，是写好市场预测报告的基础工作；二是认真整理资料，做一份预测报告，所需要的资料可能会有很多，调研时间也会拉得很长。因此，做好资料的建档、管理工作非常重要。对收集来的资料要认真审核，把真实准确的资料、数据列入资料档案。在报告中使用的数据资料，还应说明其来源或出处，以保证资料的严肃性和可信性，为预测市场发展趋势和提出对策建议提供真实的依据。

（三）选取科学的分析方法

根据预测对象和预测目标的不同，选取恰当的分析方法和表达方式是非常必要的。如果因为选择的方法不恰当而使得到的数据偏离了实际，最终势必导致预测的结果与未来的事实大相径庭，从而影响了决策者的决策。

（四）提供有效的对策建议

一份好的市场预测报告不仅要有数据的统计、分析，有对未来的预测，有时还需要我们针对预测结果给出相应的应对措施。这样，才使市场预测报告有更强的指导实践作用，更好地体现市场预测报告的全面性及指导性。

本 章 测 试

一、判断题

1. 只有如实反映客观情况的市场调查报告,才能引起上级领导部门的重视,才是有针对性的。　　　　　　　　　　　　　　　　　(　　)

2. 市场调查报告主要是总结正面的经验。　　　　　　　　(　　)

3. 市场调查报告的方向或主题的确立主要还是要根据领导的指示来决定。
　　　　　　　　　　　　　　　　　　　　　　　　　　　(　　)

4. "小标题"或"条目式"的写法,便于分清层次与段落之间的关系,给读者一目了然的印象。　　　　　　　　　　　　　　　　　(　　)

5. 市场预测报告的正文从内容上看包括现状、预测、建议三个基本要素。
　　　　　　　　　　　　　　　　　　　　　　　　　　　(　　)

6. 在介绍现状时,面对已收集到的大量资料,要能全部运用,不可浪费。
　　　　　　　　　　　　　　　　　　　　　　　　　　　(　　)

7. 预测就是根据过去和现在推断未来,根据已知推断未知。　(　　)

8. 一篇好的市场预测报告最好能面面俱到,这样预测才能更准确。
　　　　　　　　　　　　　　　　　　　　　　　　　　　(　　)

9. 市场调查报告是将人们所关心的现实问题或不被人们注意的问题披露于世,引起领导部门和社会各界的广泛关注与重视,促进这些问题的解决。
　　　　　　　　　　　　　　　　　　　　　　　　　　　(　　)

二、简答题

1. 请简述市场调查报告的概念和特点。

2. 请简述市场预测报告的概念和特点。

3. 请简述市场预测报告的分类与作用。

4. 请简述市场调查报告主体部分的构成。

5. 请简述市场预测报告的写作要求。

6. 请分析一下市场调查报告、市场预测报告、市场分析报告的关系。

三、写作实践

根据自己感兴趣的市场问题,设计一份市场调查问卷,拟写一份市场调查报告。

第九章　可行性研究报告

学习重点

掌握可行性研究报告的概念及写法
了解可行性研究报告的特点及分类
熟悉可行性研究报告的作用

学习难点

掌握可行性研究报告的写作要求及实际写作能力

第一节　可行性研究报告的基础知识

一、可行性研究报告的概念、特点及分类

（一）可行性研究报告的概念

可行性研究报告是从事一种经济活动（投资）之前，双方要从经济、技术、生产、供销到社会环境、法律等各种因素进行具体调查、研究、分析，确定有利和不利的因素，评估项目是否可行，估计成功率大小、经济效益和社会效果程度，为决策者和主管机关审批的上报文件。

任何经济活动乃至社会活动一旦成为一种组织的行为项目，就应该在事先进行可行性论证，以避免行为可能带来的失效、失利或失误。越是重点的事项，影响深远的事项，越不能盲目启动，需要多方、多次地反复论证后，选取适当的时机展开工作，才能达到相对满意的预期效果。

（二）可行性研究报告的特点

1. 科学性

可行性研究报告的科学性是每一份报告必须具备的特点之一。如果一份报告不具备科学性，那就是一份无效的甚至会起反面作用的报告。可行性研究报告的科学性体现在可行性研究的整个过程中，在报告形成的各个环节都要用科学的理论为指导，采用科学恰当的方法来获取资料、分析资料，在报告的审批过程中，也要完全采取科学的态度来处理，不可以有过多的人为因素掺杂进去，以免影响报告的效用。

2. 全面性

任何一个事物永远都不会独立存在于世界中。因此，人们在分析事物时，一定要全面考虑各方面因素的影响，这样分析出的结果才更客观、更有参考价值。可行性研究报告的全面性可以有效地保证研究结果的正确性和实用性。如果报告是关于一个项目的，就应从它的自主创新、环境条件、市场前景、资金状况、原材料供应、技术工艺、生产规模、员工素质等方面进行必要性、适应性、可靠性、先进性等多角度的研究，将每一种数据展现出来，进行比较、甄别、权衡、评价。只有详尽、完备地研究论证后，其"可行性"才能展现，其结果才有说服力。

3. 程序性

可行性研究报告是决策的基础，为保证决策的科学、正确，一定要有可行性研究这么一个过程。可行性研究报告的获批也一定要经过相关的法定程序。在写作上，也需要根据写作内容的不同，依据相关的规定，恰当地处理。在整个写作过程中，充分按照既定程序处理，可以保证效率的有效提高。

（三）可行性研究报告的分类

可行性研究报告的种类很多，依据不同的分类标准，可以有不同的类别组合。

（1）根据内容的不同划分，可以分为科技类可行性研究报告、生产类可行性研究报告、经营类可行性研究报告和建设类可行性研究报告等。

（2）根据写作阶段划分，可以分为机会性研究报告、预见性研究报告和详细研究报告等。其中，机会性研究报告最基本、粗略；预见性研究报告重点研究报告的基础框架；详细性研究报告则是最终方案。

（3）根据所涉项目的大小划分，可以分为一般可行性研究报告和大中型可行性研究报告。

（4）根据写作结构要求划分，可以分为简单型可行性研究报告和复杂型可行性研究报告。

二、可行性研究报告的写作结构

（一）格式安排

可行性研究报告根据写作内容的多少，在格式安排上可以有不同的选择。

如果报告容量不大，项目所涉系统要素较少且比较简单，可选择较为简单的格式，交代清楚下面这些内容即可：标题、前言、正文、结论和建议、附件目录。报告人可放在标题中，也可在标题下，还可放在报告结尾的落款处。报告成文日期可放在标题下，也可放在落款处并置于报告人下方。

如果报告容量很大，项目所涉系统要素较多并且比较复杂，格式自然就会复杂一些，这时最好将格式安排为如下几个版块：封面（包含标题、报告人、报告时间等基本信息）、摘要、目录、术语表、前言、正文、结论和建议、附件目录。

（二）标题

可行性研究报告和市场调查报告都是为了使决策者在市场决策中作为参考意见使用，但两者在使用方法上还是有所不同的。市场调查报告是为了摸清市场状况，因此需要有一定的鲜明性，以保证对决策者具有较强的吸引力。但可行性研究报告是针对拟定项目做出的慎重研究和系统论证，其使用方式较市场调查报告要严肃得多，所以在标题的使用上也更倾向于正规化和标准化，尽量不带有明显的感情色彩或判断的倾向性。

标题的具体写作格式还需根据实际需要来决定。最完整的标题方式为："单位名称＋项目的行为方式＋项目名称＋文种"四部分组成，如《北京市朝阳区关于加速朝阳路建设的可行性研究报告》，这是一个完整的标题形式，很清晰，一目了然。当然，在实际使用过程中，完全可以根据需要选取必要的因素构成标题即可，大可不必要求所有标题都是完整划一的。如《合理开发运河景区的可行性研究报告》《公司第三工程大队经济独立核算的可行性研究报告》等就在标题中只出现了某些要素。

（三）正文部分

可行性研究报告的正文部分一般由以下内容构成。

1. 前言或项目叙述

作为报告的序言或总论，这一部分主要介绍项目提出的背景、缘由、前景、机遇和项目研究的目的、项目的总体构成及分项构成等内容，另外还可以简短地概括出研究的结论和建议。

2. 项目实施的必要性分析

只有具有必要性的项目才有可行性研究论证的价值，必要性分析主要是围绕项目对立项者自身的需求和该项目是否具有社会需求，以及需求状况的综合分析与论证。

3. 项目实施方案

既然项目有实施的必要性，就应该在此基础上制订详细的实施方案，该方案是作为下一步可行性论证的基础。

4. 项目方案的可行性分析

这是可行性研究报告的核心，主要从以下四个方面展开。

（1）主、客观条件的总体支持情况。主、客观条件可以划分为已经具备的条件、尚未具备但可具备的条件，不能具备但却存在替代性解决方案的条件、不能具备同时也没有替代性解决方案的条件。在条件支持情况的分析中，针对这四种类型的条件分别对项目实施的各环节、各阶段安排有何种影响做出分析和论证。这是进一步分析和论证的基础。

（2）项目实施的投入分析。针对实施方案中所涉及的人力投入、资本投入等情况进行深入的可行性论证，主要是弄清这些投入究竟有多大，在各个环节和阶段如何分配，投入计划是否具有现实可操作性，也就是投入是否能够按照计划方案准时到位，并确保项目的顺利开展。

（3）项目实施的效益分析。效益与项目实施的目的有直接关系。项目能否实现预期效益是制约项目决策的根本要素。效益主要包括经济效益、社会效益、广告效益、短期效益、长期效益等方面，因此效益分析必须从全局入手，妥善论证投入与产出之间是否成正比状态。

（4）项目实施方案在执行过程中的风险分析。由于项目是在未来实施的，事物的未来性决定了项目所处的环境要素和条件要素可能会发生各种变化，因此而面临风险是项目实施中很难避免的事情。风险分析首先需要解决的问题是风险可能在哪些方面出现，这些方面包括：法律与政策风险、行业风险、市场风险、经营风险、管理风险等。预测风险的目的在于把控未来，因此，必须对可能存在的风险提出规避和解决方案，并对这些方案做出可行性论证。也就是说，必须分析风险可能存在于哪些方面和哪些环节，这些风险对项目的影响分别是什么，这些风险是否具有可规避性和解决的可能，以何种方式规避和解决，这些方式本身又是否具有较强的可操作性。总之，风险的预测越是深入，越是符合实际，掌控未来的可能性就越大，项目执行也就越能落实到实处。

5. 结论和建议

可行性研究报告对做出结论和建议的要求是这种文书的使用方式和使用目的决定的。作为报告的结尾，一定要给出简短的结论性判断，并在此基础上提出明确的建议。结论是整个论证过程的必然结果，也是论证的必然逻辑终点，是可行性论证不可缺少的环节。

6. 列明报告附件目录

附件是支撑论证的必要依据。市场调查报告往往是可行性研究报告的附件，另外，如果项目较大，论证较为复杂，其所涉的每个环节都有可能预先进行分项论证，分项论证报告同样需要作为总体可行性研究报告的附件。

三、可行性研究报告的写作要求

（一）信息把握的准确性

可行性研究报告是建立在市场调查的基础之上的，市场调查获取的资料必须要准确、充足，才能有效地展开各项分析工作。如果相关信息及资料不准确，必然导致论证分析无法得出客观的研究结论。因此，可行性研究中使用的各种基础数据必须保证其准确性，这就对市场调查提出了较高的要求，市场调查必须建立在科学的基础之上。

（二）要素分析的系统性

经济活动中的项目开展受多种因素的影响，各种要素之间不是相互独立的关系。因此必须按照系统化的方法将各种要素考虑进去。既要考虑项目实施的经济效益，也要考虑项目实施的社会效益；既要考虑直接效益，也要考虑间接效益；既要考虑项目是否具有实施的可行性，也要充分估计到在实施中可能遇到的各种变化和风险。在可行性分析环节，还要着重系统化地考虑资金、技术、人才、市场、销售、管理、法律等各个方面的相关因素。在论证中如果遗漏了某些重要环节，或者忽视了相关因素对整个项目的系统性影响，都有可能导致决策层的决策失误，使项目在实施过程中面临不可预测的生产经营风险。

（三）分析方法的论证性

可行性研究就是对项目是否具有实施价值、是否具有实施的可行性进行的分析和论证。因此，研究的过程就是分析和论证的过程。这种论证必须采取一系列科学的论证方法，只有在报告中通过具有说服力的分析论证，才能使报告的阅读者或项目的最终决策者对项目的执行做出正确的判断。论证性不足的可行性研究报告不具有决策的参考价值。论证性要求写作中使用的论据必须具有说服力，因为只有这样才能使决策者做出切实可行性的判断。论证性同时还要求写作中的论证方法具有科学性，论证的方法决定了论证的结果，只有科学的论证才能得到可靠的论证结果。

（四）论证态度的审慎性

对各要素的分析论证，以及对由各要素构成的系统的综合论证，都应当本着审慎的态度，采取审慎的方法予以处理，在分析和论证中，应当充分估计到各要素对项目实施的影响，以及各要素之间的相互影响，切不可小而化之，掉以轻心，否则就会误导决策，并可能造成不可挽回的损失。

（五）实施效果的预见性

可行性研究报告是在项目执行前做出的综合性分析论证，因此，必须对项目实施过程中可能遇到的各种问题做出预测、分析和判断。而这种预测、分析和判断越是全面而深刻，就越会与项目执行过程中的动态发展相吻合，所写报告对项目决策的参考价值和项目实施的指导价值也就越大；反之，可行性研究报告就失去了应用的价值。

第二节　可行性研究报告的例文分析

一、例文

可行性研究报告是一个相对复杂的文种，但在日常学习、工作中又是被经常用到的。下面通过阅读范文真实感受一下可行性研究报告的写作结构及要求。

××市××旅游项目可行性研究报告（目录）

一、概况

1. 研究工作的依据

2. 研究工作的范围

3. 项目提出的背景、发起人和发起缘由

4. 项目实施的目标

二、项目实施的必要性分析

1. 本市旅游资源分析

2. 本市旅游客源市场分析

3. 周边出游市场分析

4. 市场调研的基本理论

三、项目建设的基础条件分析

1. 自然资源状况

2. 历史文化条件

3. 区位条件与交通状况

4. 人力资源条件

5. 可投入的资金条件

四、项目总体规划方案

1. 主题定位与项目构成

2. 项目区位布置与附属设施的搭配

3. 项目设计方案与方案设计容量

五、环境保护措施

1. 项目对环境可能产生的影响

2. 环境保护原则

3. 环境保护措施

4. 消防措施与安全卫生系统

六、人力资源安排

1. 项目组织机构的设置

2. 劳动定员与人员落实

七、项目实施的进度安排

1. 项目建设方式与建设依据

2. 项目总体开发步骤与进度计划

3. 项目建设规格及质量标准

4. 项目组织管理

八、投资估算与经济分析

1. 投资估算依据

2. 项目总投资估算

3. 测算说明

4. 损益估算

5. 现金流量表

6. 财务评价与经济效益分析

7. 不确定性分析

九、项目运作与风险规避

1. 运作方案及方案调整的基本原则

2. 资本运作模式

3. 可能存在的运作风险与规避风险的对策

十、研究结论与建议

1. 研究结论

2. 项目建议

十一、附件

二、例文评析

虽然这仅是一篇可行性报告的目录，但完全可以全面地反映报告的主要内容，同时反映报告的内部行文逻辑。从目录来看，这篇报告包含了五个主要内容，具体如下。

（1）在"概况"部分介绍了项目研究、项目缘起、项目目标等相关情况，这些内容是展开进一步分析和论证的前提。

（2）"必要性分析"部分是从本市旅游资源分析，并从本市旅游客源市场分析、周边出游市场分析、市场调研的基本结论等几个方面展开的，能够很好地说明开展本项目的社会必要性。

（3）通过"项目建设的基础条件分析、项目总体规划方案、环境保护措施、人力资源安排、项目实施的进度安排、投资估算与经济分析、项目运作与风险规避等"方面的内容，对项目实施的可行性做出了详尽的分析和论证。

（4）在必要性分析和可行性分析的基础上，得出分析结论，并给出项目实施的建议。

（5）正文结束后，该报告还把可行性研究的相关数据、图表及资料作为报告的附件，能够支撑正文的分析，佐证正文的论点，对阅读者的阅读起到了很好的帮助作用。

通过目录可以看出，这篇报告符合可行性研究报告正文版块构成的一般要求，逻辑顺序清晰合理，研究的问题较为全面和深入，做到了首尾相顾，能够满足决策者的参考需要。

本章测试

一、判断题

1. 附件是可行性研究报告分析论证的必要依据，必不可少。 （　　）

2. 可行性研究报告可以提高投资的经济效益。 （　　）

3. 可行性研究报告可以在文章中对未来做出大胆的推测与判断，用以指导未来事务。 （　　）

4. 可行性研究报告的论证部分相当于议论文的论证，用理论论据和事实论据说话。 （　　）

5. 按不同的标准划分，可行性研究报告可以分出很多不同的种类，其中大多数可行性报告属于肯定型的可行性报告。 （　　）

二、简答题

1. 请简述可行性研究报告的概念和特点。

2. 请简要分析可行性研究报告的类别。

3. 请简要说明可行性研究报告的写作要求。

4. 请说明可行性研究报告主体部分的主要构成。

三、阅读分析题

关于建立新富电厂的可行性研究报告

编制单位：省电业管理局

提报单位：省计划委员会、水利电力部

一、建设依据

齐大、富右、安遁电网是位于 xx 省西北部的一个独立电网，由富右热电厂、丰凤电厂、新光电厂三个电源通过 220 千伏输电线路联成，担负着关丰油田、齐龙市、欢江地区、绿野林区的供电任务。目前全系统共有装机容量 50 万千瓦。根据国家"六五"计划安排和地区动力平衡预测到 ××××年年末，电网内用电负荷将增加到 110 万千瓦，加上备用发电容量，共计 130 万千瓦。为解决供电区域内工农业生产用电，特提出兴建新富火电厂。

二、厂址和建设条件

水电部××设计院经过建厂调查，初选推荐现富右热电厂附近的欢江西岸的富景村为新建电厂厂址。经过工程选厂和多次技术经济论证，有关部门和单位共同认为，该电厂条件较好。

1. 电厂位于负荷中心，输送距离最长仅 260 公里。电厂距省西部两个煤源近，无煤电倒流现象，运行经济性较好。

2. 靠近富右热电厂，建厂时可充分利用老厂现有条件，投产后新老电厂可实行统一管理，共用生产辅助设施。

3. 近期建设 40 万千瓦规模，可利用现有齐龙铁路干线的通过能力，只建专用线 5 公里，远期达到 100 万千瓦规模时，铁路运煤采取改造措施亦可解决。

4. 厂址靠近欢江边，当电厂规模为 40 万千瓦时，用水可实行一次循环运行，达到 100 万千瓦规模，可用混流满足。

5. 近、远期的贮灰场容积均较大，可满足几十年堆灰需要且不占农田，对环境污染小。

三、建设容量及规模

近期工程按 2 台 20 万千瓦国产机组建设，预留扩建 100 万千瓦的余地。

四、电厂型式与电力系统联络方式

本厂为凝汽式电厂，单机容量为 20 万千瓦，变压器采用 10. 5/110/220 千伏三卷变压器，分别接入两台机组，以 110 千伏和 220 千伏出线，与系统电网联结。主要负荷以 220 千伏输往齐龙市一次变电站。本厂出线回路：①220 千伏，近期二回路，预留三回路；②110 千伏，近期四回路，预留三回路。

五、燃料供应

电厂近期规模 40 万千瓦，年需煤 300 万吨，由省内轧木、飞矿供给。远期达到 100 万千瓦时，由上述两个矿区及新开发的天来河露天煤矿供给。

六、建设工期及投资估算

建议于×××× 年正式破土动工，争取×××× 年第一台机组建成并网发电。近期建设 40 万千瓦，投资 2 亿元，由国家预算内安排。

附件：

1. 省计委、煤管局关于新富电厂燃煤来源的联合复文；

2. 铁道部齐龙铁路局关于新富电厂铁路专用线接轨站意见的函复；

3. 齐龙市城建局、环境保护局关于新富电厂厂址意见的函复；

4. 省西部电网"六五"期间电力平衡表；

5. 新富电厂位置及地形图。

问题：

1. 如按内容来分，本文属于什么类型的可行性研究报告？

2. 第一部分的"建设依据"属于可行性研究报告中的哪一部分？写出了什么？

3. 第二部分的"厂址和建设条件"是可行性研究报告中的哪一部分？有什么特点？

4. 文中的附件是否一定要有？为什么？

第十章　招标公告和投标邀请函

学习重点

掌握招标公告、投标邀请函的写作基本结构及写作要求

了解招标公告、投标邀请函的概念和特点

熟悉招标公告的分类

学习难点

真正掌握这两类文书的写作实践能力，能够根据实际需要完成相关文书的写作。

第一节　招标公告

一、招标公告的概念和分类

（一）招标公告的概念

招、投标是现代经济活动中经常发生的现象。招标公告，是指招标人发出招标信息或通知，说明拟招标项目如工程、业务、大宗交易等的名称、规格、数量及其他条件，邀请投标人在规定时间、地点按照一定程序进行投标竞争，这在法律上是一项邀请要约。

招标活动可分为公开招标和邀请招标两大类。公开招标又称为无限竞争招标；邀请招标又被称为有限竞争招标。招标单位可以根据招标项目的特点、时限的要求等因素来选择招标的方式。一般来讲，公开招标是面向社会的，所有

合法、合格的投标者都可以参加竞争；邀请招标一般只向少数对象针对性地发出邀请，在小范围内展开招标活动。

招标公告是指招标单位或招标人在进行科学研究、技术攻关、工程建设、合作项目或大宗商品交易时，公布标准和条件，提出价格和要求等项目内容，以期从中选择承包单位或承包人的一种说明、告知性文书。在市场经济条件下，招标有利于促进竞争，加强横向经济联系，提高经济效益。对于招标者来说，通过招标公告择善而从，可以节约成本或投资，降低造价，缩短工期或货期，确保工程或商品项目质量，促进经济效益的提高。

（二）招标公告的分类

招标公告的种类很多，按照不同的分类方法可以分为不同的种类。

（1）按照招标内容来划分，可以分为建筑工程招标公告、劳务招标公告、大宗商品交易公告、设计招标公告、企业承包招标公告、企业租赁招标公告等。

（2）按照招标的范围来划分，可以分为国际招标公告、国内招标公告、系统内部招标公告和单位内部招标公告等。

（3）按照合同期限来划分，可以分为长期招标公告和短期招标公告两类。

（4）按照招标环节来划分，可以分为招标公告、招标通知书、招标章程等。

二、招标公告的特点

1. 公开性

这是由招标和招标公告的性质共同决定的。因为招标本身就是横向联系的经济活动，凡是招标者需要知道的内容，诸如招标时间、招标要求、注意事项，都应在招标公告中予以公开说明。

2. 明确性

招标文书应该明确招标方的目的、要求、时限和所能做出的承诺。从而使投标方能正确评估自己在此项目中的实际水平和能力，明确自己将得到的利益，避免无意义的竞争。招标文书的条款一旦明确发往投标方，便具有法定力，不得更改。

3. 时效性

招标文书具有强烈的时效特点。因为招标单位和招标者只有在遇到难以完成的任务和不易解决的问题时，才需要外界协助解决，而且往往任务是要在短期内尽快解决。如若拖延，势必影响总体工作任务的完成，这就决定了招标公告要具有时效性的特点。同时，在招标公告中，对于整个活动的详细时间也都有明确标注，以使所有投标方能了解活动进程，根据要求行事，从而保证招标和投标双方的利益。

三、招标公告的写作结构

招标公告是公开招标时发布的一种周知性文书。招标公告要公布招标单位、招标项目、招标时间、招标步骤及联系方法等内容，以吸引投资者参加投标。其写作结构通常包括标题、标号、正文和落款四部分。

（一）标题

招标公告的标题是其中心内容的概括和提炼，形式上可分为单标题和双标题两种。

1. 单标题

单标题有三种写法：一是完整式标题，也称公文式标题，由招标单位名称、招标项目和文种组成，如《××小区19#楼施工工程招标公告》；二是省略式标题，可省略招标单位名称或招标项目，或者二者均略去，只留下文种名称，如《科研楼内部装修招标公告》《××公司招标公告》《招标公告》等；三是广告性标题，以生动吸引人的语言激发人们投标的欲望，如《给您一个大展身手的机会，请君租赁××营业厅》等。

2. 双标题

双标题由主标题和副标题两部分组成。主标题标明招标单位和文种的名称，副题点明招标项目，如《××进出口公司国际招标公告—××配套工程》。

无论采用哪种标题形式，招标公告的标题一定要明确，使人对所招标项目一目了然，同时一定要注意避免歧义现象的产生。

（二）招标号

凡是由招标公司制作的招标公告，都须在标题下一行的右侧标明公告文书的编号，以便归档备查。编号一般由招标单位名称的英文编写、年度和招标公告的顺序号组成。

（三）正文

招标公告的正文应当写明招标单位名称、地址、招标项目的性质、数量、实施地点和时间，以及获取招标文件的办法等各项内容，其写作结构一般由开头和主体两部分组成。

1. 前言部分

前言也称引言。这一部分简要写明招标的缘由、目的或依据，招标项目或商品的名称、规模和批号、招标范围及资金来源等内容。常以"现将有关事项公告如下"引出下文。

2. 主体部分

该部分是招标公告的核心部分，通常采用条文式或分段式结构，要写明以下内容。

（1）招标方的法定名称和地址；

（2）招标项目的名称和编号；

（3）招标的方式（公开招标或邀请招标）；

（4）招标项目的性质（国家重点项目或世界银行贷款项目等）；

（5）招标项目实施地点和时间；

（6）招标项目的内容、数量和要求；

（7）招标文件的获取方法及价格；

（8）投标方的条件和资格认定；

（9）提交投标文件的截止时间和地点；

（10）开标的具体时间、地点，以及开标出席对象范围。

这十项内容是一般招标公告都应该具有的，但在实际写作中，还需要写作者根据需要灵活掌握，但有一点是必须要提起注意的，那就是在写作过程中一定要安排好序号，避免造成层次的混乱，给阅读者带来麻烦。

（四）落款

在招标公告正文的末尾写明招标单位的名称、招标公告发布的日期。如果是刊发在报纸上，也可不署日期。还要写明招标单位的地址、电话、传真、邮政编码及联系人等，以便投标人与招标人联系。

有的招标公告还带有附件，将一些繁杂的内容，如项目数量、工期、设计勘察资料等作为附件列于文后，或作为另发的招标文件。

与招标公告具有同等效力的"投标邀请书"，其内容与招标公告的内容一样。不同的是，邀请书以书信体行文，标题直书"投标邀请书"，正文有称谓（被邀请单位的名称），开头有对被邀请者的肯定性评价，邀请书的文字更为简洁，语气更为恳切。

四、招标公告范文

北京国际招标有限公司比选招标公告

项目名称：第二十七届全国图书交易博览会北京团参展特装项目

项目编号：0610－1742NF020429

采购人名称：	北京市新闻出版广电局
采购人地址：	北京市东城区朝阳门内大街55号新闻出版大厦
采购人联系方式：	×××　6408××××
采购代理机构全称：	北京国际招标有限公司
采购代理机构地址：	北京市东城区朝阳门北小街71号
采购代理机构联系方式：	010－8404×××
采购内容及数量：	第二十七届全国图书交易博览会北京团参展特装服务1项
采购用途	用于第二十七届全国图书交易博览会北京团参展特装服务
采购预算金额	项目预算金额：人民币997270.00元。
简要技术要求/招标项目的性质	设计要体现"北京元素"，将古老北京与现代北京相结合。搭建材质应用科技、环保材料，在有限的场地内，展示北京魅力，设计方案需要体现总体布展的设计构思、布局结构、风格特点等，其他内容详见比选文件。
投标人资格条件	一、投标人必须向招标代理机构购买招标文件并登记备案，未经向招标代理机构购买招标文件并登记备案的潜在投标人均无资格参加本次投标。 二、符合相关条例和国家相关规定。

招标文件发售时间	2017 年 5 月 11 日起至 2017 年 5 月 12 日上午 9：00—11：00，下午 13：30—16：00（节假日除外）
招标文件发售地点	北京市东城区朝阳门北小街 71 号 303 室
招标文件售价	人民币 300 元（含电子版）。若邮购每份加收人民币 100 元。
汇款	若以电汇方式付款购买招标文件或缴纳投标保证金，汇入下列账户： 开户名：北京国际招标有限公司 开户银行：中信银行北京中粮广场支行 银行账号：8110 7010 1410 0324 877
投标文件递交截止时间	2017 年 5 月 17 日上午 9：30（北京时间）
投标时间	2017 年 5 月 17 日上午 9：30（北京时间）
投标地点	北京国际招标有限公司 314 会议室（北京市东城区朝阳门北小街 71 号）
评标方法和标准	评审采用综合评分法，由五个部分组成，投标单位实力（5 分）、同类业绩（10 分）、服务方案（55 分）、拟派团队人员（20 分）、投标报价得分（10 分）
项目联系人	×××、×××
联系方式	电话：010 - 8404 × × × × 传真：010 - 8404 × × × × 电子邮箱：× × × @ bjzb．com

备注	1. 购买招标文件时请携带营业执照"三证合一"复印件、近三个月社会保障资金缴纳记录、近三个月依法缴纳税收的完税证明、法定代表人授权书（需有法人签字）、法人及被授权人身份证复印件。以上资料均需提供复印件一套，并加盖单位公章。 2. 投标人必须向招标代理机构购买招标文件并登记备案，并在"www. bitc. cc"上注册，未经向招标代理机构购买招标文件并登记备案的潜在投标人均无资格参加本次投标。

北京国际招标有限公司

2017 年 5 月 9 日

五、招标公告的写作要求

（一）慎重合法

招标行为必须要符合国家的《招、投标法》的规范，因此招标公告的写作必须要本着慎重合法的原则来完成。在写作过程中，任何条款的制定与描述都要符合法律的要求。同时，措词要得当，用词应严谨，要严肃面对。招标公告一旦发出就是具有法定效力的文书，要承担法律责任。这些规定是在实践中形成的对招标方和投标方的行为规范，这样有利于招、投标双方各自合法权益的保护。

（二）公平公正

虽然公平公正是对招标活动的行为上的要求，但在招标文书的写作过程中，也要注意体现它的公平公正。如文书中对相关标准的规定、相关资质的规定，不能含有倾向或者明显排斥潜在投标人的其他内容，文书行文中不得有歧视其他潜在投标人的倾向。行文表述要相对客观，要对事不对人，把招标的相关事项客观地描述清楚即可，切忌有针对性地说明与限制。

（三）及时针对

招标公告要求在时间上体现及时性，在内容上体现针对性。招标方要针对自己的项目明确写清标准和条件，并在第一时间及时地把招标公告发布出去，以便得到最大范围的阅读，以保证获得最理想的招标结果。

第二节　投标邀请函

一、投标邀请函的基础知识

（一）投标邀请函的概念

投标指投标人根据招标公告所述或应招标方的邀请，按照招标的要求和条件，在规定的时间内向招标方递交自己的报价或承诺，积极竞争，力图中标的行为。投标邀请函是指招标单位决定采用邀请招标的方式，并向被邀请者发出的正式邀约，希望被邀请者按照要求在指定的时间内完成投标准备，并参与投标的文书。

（二）投标邀请函的特点

1. 明确性

投标邀请函是招标单位对已选定投标者发出的正式邀约，其目的是希望被邀请者参与投标。因此，投标邀请函写作的明确性要求很高，要求写作者在文书中将相关事宜一一说清，使被邀请者能够明晰地知道该做什么，以及如何完成。

2. 及时性

投标邀请函一定要及时送达被邀请者，否则将会影响后续工作的展开。因为投标邀请函是投标者参与投标、准备投标工作的依据，因此，投标者需要在接到投标邀请函后有一定的准备时间来保证参与被邀的投标活动。投标邀请函的及时性就显得非常重要了。

（三）投标邀请函的基本写作结构

采取邀请方式进行招标的程序比较繁复，一般包括这样一些环节：首先，明确项目的相关要求并在此基础上完成招标书的制作；其次，确定邀请对象并发出投标邀请函；再次，被邀请人向投标人索取招标文件，并根据招标文件制作投标书，以完成投标；最后，招标单位组织开标、评标，确定中标人，并发出中标通知书。

由此可以看出，写好投标邀请函对保证整个招、投标工作的顺利开展至关重要，只有向对方发出邀请，才能顺利开展招、投标活动。投标邀请函的写作基本结构主要包括以下这些内容。

1. 标题

标题可以采用包含较多信息的复杂模式，如《××公司新基地后勤服务承包项目投标邀请函》，招标项目和文种同时出现在标题中，一目了然，相当清晰。有时也可以只使用文种来完成标题的写作，即《投标邀请函》。使用者可以根据实际需要灵活掌握。

2. 受文对象

作为一种向特定对象发出的商务信函，受文对象是不可缺少的内容。受文对象必须具有唯一性和明确性。在向数个邀请对象同时发送邀请函时，切忌将所有对象同时罗列在受文对象之列，要单一地逐个写出。同时，在受文对象前不要添加敬语，也不要以公司简称代替全称，否则会显得缺少专业性和正式感。

3. 正文部分

正文内容的逻辑层次要清晰，并根据事务处理的要求逐一表述。另外，能够合并处理的内容要合并处理，比如在索标环节和投标环节，如果联系人和联系地点都相同，就没必要重复叙述。正文部分主要包括两部分内容。

（1）邀请部分的内部逻辑：谁，因为什么目的，组织了何种性质的招标，招标项目的基本情况是什么，希望被邀请者做什么。也就是针对招标项目向对方提出邀请，希望对方能够参与该招标项目的投标。

（2）指令部分的内在逻辑：如何索标、如何投标、开标及述标程序如何安排。其中各环节均涉及时间、地点、联系人、联系方式。索标还有可能涉及索标费用。投标还可能涉及担保金。这一部分的相关内容其实就是告知对方投标程序及相关注意事项，以引导对方严格按照招标人的程序安排及事务要求进行索标、投标和述标。

4. 落款

落款的处理按照通行的方式处理即可，没有特殊要求。

二、投标邀请函的例文赏析

（一）例文

北京××建筑工程有限公司
建筑工程设备采购项目投标邀请函

甲公司：

我公司以邀请招标的形式采购一批自用建筑设备，现向包括贵公司在内的四家供应商发出邀请，希望贵公司能够参与该项目的投标。

一、招标内容：

招标项目分为两个包，具体情况如下

A包：大型起重设备

B包：混凝土搅拌设备

二、索标时间

1. 索标时间：2016年12月20—25日，9：00－17：00（节假日不休）

2. 索标地点及联系人：北京市海淀区东北旺路28号三台庄×××号北京××建筑工程有限公司采购部李力助理。

3. 招标文件售价：A包招标文件售价4000元，B包招标文件售价2000元，现金交付。

4. 索标时请携带公司营业执照复印件、授权委托书及经办人身份证复印件。

三、投标要求

1. 投标时间：2017年1月10—15日，9：00－17：00（节假日除外）。

2. 投标地点及联系人：北京市海淀区东北旺路28号三台庄×××号北京××建筑工程有限公司采购部李力助理。

3. 投标履约保证金：投标时缴纳投标履约保证金5万元，现金交付。

4. 投标文件的组织方式详见招标文件。

四、开标安排

1. 开标时间：2017年1月22日上午9：00。

2. 开标地点：北京市海淀区东北旺路28号三台庄×××号北京××建筑工程有限公司第一会议室。

3. 述标准备：投标人应做好述标准备，述标内容应控制在 20 分钟以内，配以 PPT 演示，演示文稿以 U 盘形式携带。

五、联系方式

联系电话：010 - 88888888，88888889。联系人：李力

专用邮箱：bj××jzgcyxgs@ vip. sina. com

北京××建筑工程有限公司（签章）

2016 年 12 月 21 日

（二）对例文的适用性评价

1. 例文的格式要素齐全，符合邀请函的一般规范。

2. 内容要点适当，逻辑结构清晰，语言表达准确，无歧义。

3. 能够实现向特定对象传递招标信息的邀请效果。

4. 能够指引投标者按要求完成投标行为。

5. 总体信息充分，被邀请者无须再提出任何有关投标的询问，具有较强的适用性。如果邀请函发出后，被邀请者还需要提出各种询问才能顺利完成投标，即说明邀请函所传达的信息不清晰，甚至有重大遗漏，这样的邀请函就不具有很好的适用性。

本 章 测 试

一、判断题

1. 邀请招标，是指招标人以当面邀请的方式邀请特定的法人或其他组织投标。　　　　　　　　　　　　　　　　　　　　　　　　　　　　　（　　）

2. 投标人在招、投标活动中享有平等的权利，有同等的机会，招标人对投保人不应存在任何歧视行为。　　　　　　　　　　　　　　　　　　（　　）

3. 招标邀请函是针对个别的投标者发出的邀约文书，因此不具备公开性。
　　　　　　　　　　　　　　　　　　　　　　　　　　　　　　　　（　　）

4. 招标公告和招标邀请函根据需要可以互换使用。　　　　　　　　（　　）

5. 由于招标的特点是公开、公平和公正，因此招标公告的写作也必须体现公开性和时效性。　　　　　　　　　　　　　　　　　　　　　　　　（　　）

二、简答题

1. 请简述招标公告的概念和特点。

2. 请简述投标邀请函的概念和特点。

3. 请简述招标公告的写作要求。

4. 请简述投标邀请函的写作基本结构。

三、写作题

请自拟一项招标业务，并根据公开招标和邀请招标的不同要求，分别撰写一份招标公告和投标邀请函。

第十一章 经济合同与意向书

第一节 经济合同

一、经济合同的概念与种类

（一）经济合同的概念

根据 1999 年 10 月 1 日实施的《中华人民共和国合同法》第二条规定：合同是平等主体的自然人、法人、其他组织之间设立、变更、终止民事权利义务关系的协议。婚姻、收养、监护等有关身份关系的协议，适用其他法律的规定。

经济合同从内涵看，是指平等民事主体的法人、其他经济组织、个体工商户、农村承包经营户相互之间，为实现一定的经济目的，明确相互权利义务关系而订立的合同。从外延看，它主要包括购销、建设工程承包、加工承揽、货物运输、供用电、仓储保管、财产租赁、借款、财产保险及其他经济合同。

（二）经济合同的种类

（1）根据合同法内容划分，合同被分为15种：买卖合同、供用电水气热合同、赠与合同、借款合同、租赁合同、融资租赁合同、承揽合同、建设工程合同、运输合同、技术合同、保管合同、仓储合同、委托合同、行纪合同、居间合同。

（2）根据行文形式划分，可以分为：条款式合同、表格式合同和条款与表格结合式合同。

二、经济合同的特点与效力

（一）经济合同的特点主要体现在以下三个方面。

1. 讲平等

订立合同必须本着平等的原则，无论是合同双方主体，还是合同条款的设立都要体现公平、平等的原则。签订合同双方同时享有权利，也要共同承担义务。一方对另一方的意见要给予尊重和考虑，不能自以为大，把本方意见强加于人。

2. 讲周全

经济合同中的条款一定要明确周全。只有周全的条款才能规范行为，才能明确责任义务和权利。经济合同的内容总是细化为具体的数据，使当事双方能据此明了各自的义务，针对目标协调行动。

3. 讲规范

经济合同是具有法律效力的文书。因此，在写作过程中，无论是格式的设立还是语言的使用，都要遵守一定的规矩。目前，大部分种类的合同都有范本，使用范本合同，可以减少纠纷的出现，提高办事效率。

（二）合同的效力

由于合同具有很强的法律约束力，因此合同的签订与使用过程中，必须严格遵守法律程序。同时，要求写作者对相关的法律知识有所了解。

1. 合同的成立与生效

合同签订只是代表着合同成立，并不完全代表合同生效。合同可以在签订时生效，也可能会因为某些情况的出现而暂时不能生效。这些情况包括：附生效条件、附生效期限、依法需要办理批准登记手续、处于效力待定状态。

（1）附生效条件的合同。合同约定在某种条件成立时合同才生效的，就是附生效条件的合同。比如，在甲方向乙方提供奶牛的买卖合同中，约定只有奶牛在产下幼仔后合同才生效，这种约定就是对合同生效条件的约定。这种约定显然是基于对奶牛存在无法生下幼仔的风险的考虑。

（2）附生效期限的合同。期限是一个时间概念，它包含生效期限和失效期限两种。附生效期限的合同，自期限届满时合同生效。比如，在买卖合同中，约定合同在签订之后满10日开始生效，这个合同就是附生效期限的合同。

（3）依法需要办理批准登记手续的合同。这类合同主要是指根据法律、行政法规的规定需要履行批准登记手续后才发生效力的情况。这类合同最常见的例子是抵押担保合同或合同中的抵押担保条款涉及把需要登记才能发生权属转移的财产作为担保物的情形，比如机动车或房产。如果只是约定了这些财产作为抵押物来担保债权，但并未到相应的登记机关办理抵押担保手续，这种抵押无法发生法律上的效力，也就是说抵押人依然可以处置该财产，抵押人只能作为一般债权人行使债权。

（4）处于效力待定状态的合同。所谓效力待定状态，就是指需要做出追认才能判断效力的合同，在未得到合法有效的追认之前所处的状态。产生效力待定的原因包括：限制民事行为能力签署的合同以及行为人在超出代理权或不具有代理权或代理权已经终止的情况下，代理他人签订合同。这种合同只有在获得限制民事行为能力的监护人追认的情况下，或是在被代理人追认代理人合同行为的情况下，才能生效。

2. 合同的表见代理

代理人即便没有获得代理权，或者超越代理权，或者代理权终止后依然与相对人签署合同的，在合同相对人有理由相信行为人有代理权的情况下，《合同法》依然认为该代理行为有效。也就是说，这一类代理人所代为签署的合同属于有效。法律的这种设计是为了保护善意相对人的利益。但这里所谓的"有理由相信"是较为严格的，必须有证据证明这种确信是合理的才能确认这种合同的有效性。

3. 合同的无效与合同的可变更、可撤销

合同成立之后并不意味着一定生效，无效合同的认定主要依据以下五个方面的判断。

（1）一方以欺诈、胁迫的手段订立合同，并且损害了国家的利益；

（2）双方恶意串通，损害国家、集体或第三人利益；

（3）以合法形式掩盖非法目的；

（4）损害社会公共利益；

（5）违反法律、行政法规的强制性规定。所谓强制性规定，主要是法律或行政法规中表述为"应当……""必须……"的条款内容。

可以变更或可以撤销的合同是指以下三种类型的合同。

（1）合同一方因重大误解订立合同；

（2）在订立合同时，对合同一方显失公平；

（3）一方以欺诈胁迫的手段或者乘人之危，使对方在违背真实意思的情况下订立的合同，虽未损害国家利益，但却对合同另一方造成损害的。

所谓"可变更、可撤销"，同样是指既可以变更、撤销，也可以不变更、不撤销，如何选择，由当事人自己决定，而且如果选择变更和撤销，也必须通过法律程序，须经人民法院或仲裁机构做出裁决。

三、经济合同写作的基本结构

在现代经济社会活动中，合同是有效保证当事人双方权利与义务的一种文书，使用相当广泛。在使用过程中，有些种类的合同有范本，我们可以选择直接使用范本，也可以在范本的基础上根据需要进行删改。若没有范本，我们在签署合同时可参照下列内容完成。

（一）合同首部

1. 标题

合同的标题一般由合同的内容或性质再加上"合同"字样组成，有时也可将文种写为"协议书"。根据需要，还可以在合同标题中标注合作期限，以使题目更清晰、一目了然。如《房屋租赁合同》《委托协议书》《2013—2016年岗位聘任合同书》等。

2. 编号

为了更好地对合同进行管理，也为了保护双方当事人的合法权益，合同应该编号。合同编号的代字可根据合同性质确定，有时也可只书写数字不写代字。编号应置于标题之下。

3. 签订时间和地点

签订时间和地点是指签署时所处的具体地点和订约当天日期。时间用阿拉伯数字标注，位置在标题下方居右。

4. 合同当事人名称、地址及在合同中的地位

合同当事人名称是指合同行为相关各方的法定称谓，必须要完整规范。地

址是指当事法人或其他组织的主要办事机构所在地址；当事自然人的地址以户籍所在地为准。银行开户账号之类信息亦可在此说明。在名称后要注明其在合同中的身份，并用圆括号括起。

5. 引言

条款式合同一般需要有引言，即以概括性的话语引出合同的主要条款，如"根据……，现经双方协商达成一致意见，特签订此合同（协议）如下"。如果是表格式合同，可以不用引言，只需把表格按照要求填写正确、完整即可。

（二）正文部分

正文是合同的核心，也是当事各方商定结果的具体表现。一般的合同都要具有以下这些内容的约定。

1. 标的

标的是合同当事人权利义务共同指向的对象。它可以是物、钱、劳动力或智慧成果等。如买卖合同的标的是货物，运输合同的标的是劳务，建设工程合同的标的是项目，借款合同的标的是货币等。标的一定要写全称，需要缩写或简写时，必须先写明全称，再注明缩写或简称，以免在合同执行时发生误解或纠纷。

2. 数量

数量是标的具体的计量，一般表现为标的物的长、宽、面积、体积、重量及货币形式。订立合同应根据国家法定的计量单位来选择双方接受的标的物之计量单位，再确认双方认可的计量方法，数量表示务必明确，有些标的物应表明允许的误差及损耗。

3. 质量

质量是标的内在素质和外观形态的综合体现，应以国家权威部门制定的标准等级执行。在写作时要明确表示所执行的质量标准体系，如要注明质量的国家标准、部颁标准、企业标准、行业标准，等等。有了标准，还要注明质量检验的办法。

4. 价款或酬金

价款或酬金是当事人向交付标的另一方支付的代价，合同若以货物为标的的，便称作价款；以劳务为标的的，则称作报酬。价款或酬金应遵守国家有关部门制定的相关物价、工资政策协商议定，并在合同中具体标明单价、总价、币种、支付方式、预期交货提货及付款的时间，也要说明价格波动的结算方式和酬金的支付及其程序。

5. 履行期限、地点和方式

履行期限是合同中对当事人全面完成合同规定之义务的时间界限，也是确定合同是否按时履行的标准。实践中，合同履行期限有即时履行、定时履行、限时履行等多种方式。实际操作中采用哪种方式，合同中需具体标定。合同中每一种时间的表达应该是单一理解的日期，有些时候根据需要，要把时间具体到最小单位，以免执行过程中发生纠纷。比如，约定的交货时间为"北京时间 2016 年 10 月 2 日 15：00 整"，就是一个相对具体的时间限定，使用起来比较安全。

履行地点是合同当事人履行合同义务、完成标的任务的地点，也是确定验收、运输费用及风险承担的依据。它的确定还能为今后万一发生的纠纷诉讼提供诉讼管辖地区的依据。关于履行地点的描述也要本着唯一、明确的原则，保证所描述地点的唯一理解性。

履行方式是表明合同当事人采用什么方法来完成合同规定的义务。如报酬支付的方法、货物运输的方法等。针对所有方法要进行具体、详细的说明。如货运合同中对运输方法的描述，应该具体地说明是铁路、公路、水路还是航空运输，同时如果有分段运输的需要，一定要分别说清表明。

6. 违约责任

违约责任是指当事人若未能履行或未能完全履行合同约定的条款时，所应承担的经济责任、行政责任或法律责任。其目的是为了促使当事人遵守合同约定，履行合同内容。违约的认定可依据有关法律、法规，也可由当事人共同商定。责任的承担方式一般有支付违约金、赔偿金和继续履行等。违约责任条款是对合同顺利履行的一种保障，也是处理合同纠纷的依据之一。

7. 解决争议的方法

这是指双方商定当合同在履行的过程中发生争议时应如何解决的办法。依照相关法律，我国目前通行的解决合同争议的方法有四种：当事人自行协商解决、有关部门组织协调、仲裁机关仲裁、提起诉讼。合同当事人应了解目前我国对合同纠纷采取的是"或裁或审"的制度，即当事人若选择了仲裁方式解决合同纠纷，便不得再向法院提起诉讼，因此，签订合同时一定认真权衡考虑，写明所选择解决争议的方式。

8. 其他条款

合同中涉及的其他需要表明的正式内容。

（三）结尾部分

结尾部分是合同的手续性、技术问题的说明，以及合同的签署事宜反映。细分为下列内容：

（1）合同中正文未尽事宜的处理说明。

（2）合同附件说明。

（3）合同的生效、终止时日或有效期限说明。

（4）合同的文本及各文本的法律地位说明。

（5）合同的份数及其存有方说明。

（6）当事各方签署。合同当事各方签署应列于合同尾部各条款之下，现在通行的是横向并列的做法。签署要写明当事方的全称，单位应由法人代表或指定代表签字，并加盖公章、私章。合同的中介方、担保方、委托代理方等都应于此签署。若在合同首部已经写明了当事双方的情况，此处可不再签署。

合同的日期一般标注签署日期，签署之日是否是合同生效之日，当事各方应有共识。倘若各方分别在不同时间签署，一般以最后签字日期为准。日期标注应写完整，写清年月日，避免使用口语，日期签署在正文下方右侧。

倘若合同须经有关行政主管或法律部门签证，则其签证意见、印章、日期都要在合同尾部明确标注。

四、经济合同的写作要求

（一）规范严肃

经济合同的签订必须要规范地遵纪守法。同时，格式、要求、条款的制定上也应严格执行规范。如果有行业合同样本，应尽量使用合同样本，但把握灵活原则，切忌教条主义，生硬照搬，不以实际情况为出发点来解决问题。另外，关于合同的具体书写，也要完全遵照国家的有关规定执行，如计量衡、度量衡的使用等，不可过于随意书写。

规范严肃的另一方面是指在文本中要严肃认真地对待每一则条款，不能马马虎虎甚至随便书写，无论哪一则条款的约定都要做到严谨唯一，避免歧义句的使用，避免模糊词语的使用，做到表达精确。

（二）互惠共赢

合同草案的撰写往往会更多地关注写作者自身利益的保护而忽略了对方的利益，这样有时会导致合同最终签署的失败。因此，在议定合同时，应充分地考虑双方的权利、义务，而非单方面地考虑己方，应使双方利益都得到最大化地实现。这样做有利于合同的订立与执行。

在行文中，应不用无意义的敬语，如"贵方、贵司"等，要客观地表述。在条款的订立上必须履行公平、公正的互惠原则，遵循公平、公正的共赢精神。

（三）慎重更改

经济合同一经签署生效，是不允许随意更改的。但若遇到某些不可抗力造成的特殊事件，不得不更改原文本内容时，当事双方要本着协商互利的精神，就如何更动原商定的意向，尤其是更动原经济合同的内容，再行商讨研究，互相谅解，从而做出双方都愿意接受的变更，并依此制定新的协议文书，再行签署。

（四）详略适度

在合同条款的写作中，应当注意权利义务的适当性。如果提出大量过于细致或苛刻的条款，那么就有可能会增加谈判成本或提高谈判破裂的概率。但如果为了降低合同的谈判成本或者急于提高签约概率而使合同条款简化，就有可能增加合同风险。因此，在合同草案的撰写中，应当同时考虑到两个方面的因素，既要降低谈判成本提高合同签约率，又要适当规避风险，两者缺一不可。

第二节　意向书

一、意向书的概念和特点

（一）意向书的概念

意向书是当事双方或多方之间，在对某项事务正式签订条约、达成协议之前，表达初步设想的意向性文书。意向书为进一步签订协议奠定了基础，是"协议书"或"合同"的先导。意向书虽不具备合约的约束力，但表明签署人的严肃态度，对当事双方具有一定的约束力。同时，意向书的使用范围较广泛，不仅可以用于经济领域，而且还可以用于其他领域。

（二）意向书的特点

1. 协商性

意向书是签订合同之前的先导，无论是从它的效力还是从它的所议事项来看，都具有很强的协商性。意向书是为将来各方正式合作奠定基础的文书。

2. 灵活性

意向书不像合同或协议那样，一经签约就不能随意修改。意向书比较灵活，在协商过程中，当事各方均可按各自的意图和目的提出意见，在正式签订协议、合同之前都是可以随时变更或补充的。

3. 概略性

意向书的内容是概略的，其条款并不一定具备法定效力，约束力自然也明显薄弱。它主要是将各方的原则、意向做一个基本立场性的表述。

二、意向书的写作结构

（一）标题

意向书的标题要写明各方合作意向的主题或项目名称，同时加上文种构成，如《××原料合作生产意向书》；或者直接以写作文种完成，即《意向书》。

（二）当事人双方名称或当事人姓名

这一部分可以根据需要来选择，不是必写内容。

（三）引言

引言是意向书的开头，说明订立意向书的目的、依据，如"顺通物流公司与 ETT 能环有限公司经协商，拟建立战略合作伙伴关系，双方意向如下"；也可简单写作："甲、乙双方拟对 ET 项目进行合作开发，经协商达成如下意向"。以上两种写法的区别是，若引言前有当事人的名称，就写"甲、乙双方"，若未写明当事人名称而直接写引言的，就一定要在此明确说清甲、乙双方各是谁。

（四）主体

分条归纳双方的意愿，对实现意愿的条件、形势、可行性的看法及意向目标和相应措施，进一步商谈的时间、内容、级别、任务等加以说明。如果是单签式，还应申述己方意图，征询对方的意见。

（五）结尾

意向书的结尾有多种方式。可以用不写"结尾"的方式来结束全文；也可用说明性质的方式来结尾。要说明的一般是强调本意向书非正式合同，当事人保留进一步磋商的权利，也可说明要以今后订立的协议书或合同为准之类。

最后是意向书的签署和日期。

三、意向书的范本

合作意向书（范本）

甲方：_____（以下简称甲方）

公司地址：_____ 联系电话：_____

传真：_____ 邮编：_____

乙方：_____（以下简称乙方）

公司地址：_____ 联系电话：_____

传真：_____ 邮编：_____

甲、乙双方经友好、坦诚协商，就甲方的建设项目投融资合作事宜，达成共识如下：

一、公司名称：_____（暂定）

二、公司注册地址：_____

三、项目总投资 _____万美元，注册资本 _____万美元

甲方投资 _____万美元，乙方投资 _____万美元。

四、甲方建设项目需提供的投融资总额约为 _____万美元。

五、甲、乙双方拟共同成立合作公司，乙方拟以现汇作为合作条件。甲方拟以项目的土地、固定资产和未来收益作为合作条件。乙方所提供的建设资金分批进入中外合作公司的外汇账户后，使用期为 15 年，前 3 年为建设期，建设期内免本息。从第四年年底开始，甲方每年按 12% 的保底利润支付乙方红利，连续 12 年，到期不再还本息。

六、乙方所提供的资金安全进入和汇出，双方就成立"中外合作公司"，设立"外汇账户"。

七、乙方负责提供申办合作公司所需的有关证明材料，甲方负责在当地办理申报、立项、注册等一切相关手续。双方保证提供给对方的材料是完整的、真实的、有效的。

八、甲方企事业用于抵押的企业的资产及建设项目，需根据《中华人民

共和国担保法》之规定，需项目担保。作为与乙方的引资条件，若由于任何不确定因素造成不能按时将利润支付给甲方的，乙方有权接管合作项目的经营权，直至收回投资后，将项目的经营权归还甲方。

九、甲方建设项目的未来收益，需按《中华人民共和国合资合作法》规定由双方认可的评估获准机构进行分析评定和投资风险的估算后，作为乙方风险投资的依据。

十、中外合作公司成立后，乙方不参与今后合作公司的一切经营活动，也不承担合作公司的所有法律与经济责任，只负责提供资金的监督使用和调配。合作期满后，乙方无条件退出，合作公司及其他一切归甲方所有。

十一、甲、乙双方在引资合作过程中所产生的有关前期动作费用、境内部分由甲方垫付，境外部分由乙方承担。

十二、由此合作意向书所涉及的甲方与第三方的经济关系及连带责任关系，均与乙方无关。

十三、乙方资金到位同时，按实际到位资金的_____%，甲方支付第三方（ ）一次性融资咨询服务费用。

十四、本合作意向书由双方代表签字后确认。

十五、本合作意向书一式二份，双方各执一份。未尽事宜，双方另行协商。

甲方：_____ 乙方：_____

2016 年 5 月 9 日

四、意向书、经济合同与协议书的关系

意向书和经济合同是协议类文书不同作用的体现。在实践中，还有一种"协议书"常常出现在此类文书中，因此，我们应关注其与意向书和经济合同的区别。

协议书在使用方面十分广泛，不仅在经济领域处处有它的存在，而且在社会的各大领域都有它的用武之地。在政治、军事、文化以及普通民事方面，协议书都能显现出自己广泛的适用性。这点与意向书有共同之处。我们应该注意的是另一个容易被忽视的问题——不能仅仅将"协议书"视作单一的经济文书，它的广泛性会给它作为经济文书的写作带来某些影响。

此外，协议书有独特的功能，即作为合同的基础，它是先行文件，尚不具

有法律效力，在写法上与意向书相似，但更细化；而倘为正式的合同性文本，则虽名为"协议"，实则为具有法律效力的文书，写作也与经济合同一样。

所以在实践写作活动中，往往先有协议书，待条件成熟或手续齐备后，彼此再签订正式合同。对此，我们要深入了解，仔细辨析，并在写作实践中予以充分注意。

本 章 测 试

一、解释词语

1. 经济合同

2. 意向书

3. 协议书

二、简答题

1. 经济合同的特点是什么？

2. 请简述经济合同的正文部分一般都包括哪些内容？

3. 经济合同的写作要求包括哪些方面？

4. 意向书的特点是什么？

5. 经济合同、意向书和协议的关系如何？

三、写作实践题

某大学生毕业后留京，由于生活需要，拟在北京 CBD 区租住一套一居室。目前，房屋已找好，并与房主进行了初步协商，请草拟一份《房屋租赁合同》。

第十二章　专用信函

第一节　概　述

一、专用信函的概念

　　书信是个人或组织以书面的方式向收信人通报情况、联络感情、处理事务时所使用的交际工具，是使用最广泛的应用文之一。专用信函在对内、对外的经济活动中使用非常广泛，是每一个职业工作人都应该掌握的文种。

二、专用信函的种类和作用

　　书信可以分为一般书信和专用书信。一般书信多为个人处理私人事务之用，如家信、情书、一般社交书信等。专用书信则在某一特定范围内专门用于某种事务联系的书信，往往用于公务需要。专用书信种类很多，比如，请柬、邀请函、介绍信、证明信、申请书、感谢信、倡议书、贺信等等。

三、专用信函的基本结构与写法

（一）笺文

1. 标题

专用信函的标题一般就是函的名称，如"介绍信、申请书"等。也可以把事由在标题中显现出来，如"入团申请书""给人民解放军第十三支队的感谢信"等。

2. 称谓

写在首行顶格位置，单独成一行。专用信函的受信方为单位的，写单位的全称；受信方为个人的，写其姓名。有的专用信函有时可以省略称谓。如"决心书"一般没有称谓，"倡议书"若倡议对象广泛，也可以省去称谓。

3. 正文

另起一行，空两格开始写。这是专用信函的核心部分，不同的信函内容不同，但都需要使用庄重得体的书面语。具体内容因类别不同而有所差异。

4. 敬勉语

敬勉语一般分为两截，专用信函中用得最多的是"此致——敬礼"。写法是正文结束后，另起一行空两格写"此致"，再另起一行顶格写"敬礼"。也可以视对方身份、职业等采用不同的写法，如"即颂——商祺""敬请——教祺"，前者是对商界人士使用的，后者是对教师使用的。

5. 落款

在敬勉语之后，另起一行，在信函的右下方书写。以单位名义写的信函，签署单位全称并加盖公章；以个人名义写的信函则署写作者姓名。最后在下一行和署名相对应的位置写成文日期。

（二）封文

封文有四部分，即收信人邮政编码、收信人名址、寄信人名址、寄信人邮政编码。

（1）信封左上角的六个小方格填写收信人邮政编码。

（2）信封中间的三条横线上分别写收信人的地址和姓名。地址和姓名分在两行写。

（3）信封右下角写寄信人的详细地址和寄信人的姓，名字可以省略；但若是特快专递和挂号信要同时写清寄信人的姓和名，在寄信人的姓或名字后，加上"寄"或"缄"字样。

（4）信封右下角的六个小方格填写寄信人的邮政编码。

第二节　专业信函文种讲解

一、请柬与邀请函

（一）概念和作用

1. 概念

请柬又称请帖。在公关活动中，它是组织、邀请宾客参加某些重要活动，如庆典、重要会议时所使用的一种礼仪性书信。请柬主要有开业请柬、会议请柬、庆典请柬等。

邀请函是公关活动中组织邀请宾客参加某项活动或事宜时的专用书信。邀请函又称为邀请书、邀请信。

2. 作用

使用请柬比使用其他通知方式更能显示邀请方对被邀请方的尊重，更能显示邀请方对自己所举办活动的郑重态度。在公关活动中，选用形式美观大方、富有文化内涵的请柬，还能使对方感受到邀请方较高的文化和审美品位，从而对邀请方产生良好的印象，增加其参加活动的积极性，并通过活动感受、认同邀请方的组织精神和企业文化。这正是公关请柬的重要作用所在。

邀请函的作用可以通过与请柬的比较得出。两者的相似点是：都具有邀约功能，都具有礼仪功能。同为专业书信，两者的结构和格式相似。两者的不同点也十分明显：邀请函的用语比请柬来得更自由随意；邀请函的内容比请柬更详细和丰富，不仅表示邀约的意思，而且还有比较具体的邀约内容。所以，总的来说，邀请函不如请柬来得隆重，但比请柬更实用，适用面比请柬更广泛。

（二）结构和写法

请柬和邀请函均属于专用书信，结构相似，都分为标题、称呼、正文、结尾、落款五部分。在书写形式上，请柬有横式写法和竖式写法两种。下面举例逐项说明。

1. 标题

市场上可以买到印制好的请柬，那上面往往在封面上都写有"请柬"（请帖）二字，这就是标题。如果是为某个活动专门设计定制的请柬，也可以在封面上印上发请柬的事由，以"事由＋请柬"作为标题，如"信达公司新型节能产品展示会请柬"。无论采用哪种方式，一般都会对作为标题的文字做一些艺术加工，可用美术体的文字，文字可以做烫金处理，可以有图案装饰等。无论是卡片式请柬还是折叠式请柬，一般标题独占一个页面，其他部分在另一页面上。

邀请函的标题有两种写法，一种是标题单独由文种构成，如《邀请函》《邀请书》等；另一种是由"事由＋文种"构成，如《视觉中国"盛放·新锐100 计划"启动仪式暨首展开幕派对邀请函》。

2. 称呼

请柬和邀请函的称呼写法一样。都要顶格写出被邀请者（组织或个人）的名称。被邀请者为组织的，一般用组织全称；被邀请者为个人的，一般用其姓名加职务，或者根据对方性别以"先生"或"女士"相称。如"××大学出版社""××经理""××女士"等。称呼后加上冒号。

3. 正文

另起一行空两格写。要写清活动内容、时间、地点及参加方式。有些舞会、音乐会、大型招待会的商务请柬还写有各种附启语，如"每柬一人""凭柬入场""请着正装"，通常写于商务请柬正文的左下方。

邀请函的正文部分除了和请柬一样写明所办活动的名称、时间、地点和参加方式之外，还需要对活动涉及的各项事宜做较为详细的交代和介绍，如会议议程、会议费用开支等。

此外，邀请函还有一些附件，如交通线路介绍。多数情况下邀请函都附有回执。收到邀请函的一方应在邀请方希望的期限内以回执的方式答复是否接受邀请。

4. 结尾

无论请柬还是邀请函，正文结束之后一般都要加上"届时敬请光临""敬请莅临指导""恭候光临"等期请语。

5. 落款

请柬和邀请函都要在落款部分署上邀请者的名称和发送请柬的日期。邀请者为组织的，写清组织全称并加盖公章；邀请者为个人的，写个人姓名。有时还可以组织和个人名义并用，那么要在组织名称之下由组织领导亲自签名，以示郑重和恭敬。发送请柬的日期一般用汉字书写，以示郑重。

(三) 邀请函范文

第七届投资北京洽谈会邀请函

各相关企业：

第七届投资北京洽谈会将于 12 月 8 日在北京歌华开元大酒店二层国际新闻大厅举办（以下简称京洽会）。本届京洽会由民建北京市委、市发展改革委、市科委、市经济信息化委、市农委、市商务委和市投资促进局等 12 家单位主办，市投资促进局承办。京洽会以"助推社会资本投资重点领域　促进首都构建高精尖经济结构"为主题，促进社会资本在京投资以高精尖为主体的首都功能产业项目。

京洽会为期一天。上午设置主场活动，包括开幕式、重大项目签约和重点发展产业与政策推介解读，下午为社会资本对接首都功能产业投资资源洽谈会专场活动（议程见附件1）。

诚邀相关企业负责人或投资业务部门经理 1 人参会，并针对首都功能产业投资资源进行对接洽谈。

京洽会采取实名制参会。请务必携带本人参会回执或名片签到，换取入场证件。

请于 11 月 26 日前将参会回执传真至：6554××××或 E-mail 至：××××@139.com（见附件2）。

附件：1. 第七届投资北京洽谈会议程
　　　2. 第七届投资北京洽谈会参会回执
　　　3. 歌华开元大酒店位置图

北京市投资促进局
2015 年 11 月 18 日

（联系人：×××；联系电话：6554××××、6554××××）

上文为邀请函范文。标题使用"事由＋邀请函"构成，一目了然，明确清晰。邀请函正文内容详尽、层次分明，段落划分精细，便于阅读者获取信息及再次查找相关信息。全文结构完整，附件、附注齐全。保证邀请函具有很强的实效性。

（四）请柬和邀请函在制作中的注意事项

（1）请柬和邀请函都应注意形式美，要体现邀请方的品位，也要尊重对方的习俗。

（2）注意措辞简洁明了、文雅大方，请柬的礼仪色彩比邀请函更重，所以对语言的要求也更严格。

（3）体现邀请者态度的恭敬和感情的真挚，切忌用词不当。如"届时敬请光临"的"届时"不能写作"准时"，因为"准时"一词表示了一种命令的口气，与邀请者对被邀请者应有的恭敬态度不相称。

二、感谢信与慰问信

（一）概念和作用

1. 概念及分类

（1）感谢信是为感谢对方的关怀、帮助、支持并表达钦佩之情而写的专用信函。感谢信可以单位或个人的名义写，受信方可以是单位也可以是个人。

一般来说，根据寄送对象不同，感谢信可以分为三种：一种是直接寄送给感谢对象；另一种是寄送对方所在单位有关部门或在其单位公开张贴；还有一种是寄送给广播电台、电视台、报社、杂志社等媒体公开播发。

（2）慰问信是以组织或个人的名义向集体或个人表示关怀、问候、安慰和鼓励的一种专用信函。

慰问信根据所涉事件不同可分为不同的种类，如向在工作活动中做出突出贡献的集体或个人表示慰问，向遭受重大灾情和损失的群众表示慰问，向重大节日到来之际的组织或个人表示慰问等。

2. 作用

（1）感谢信不仅可以表达自己的感谢之意、感激之情，而且还可以使被感谢方受到鼓舞和鞭策。同时，对其他人起到教育作用。

（2）慰问信能体现组织的温暖和关心，给人以克服困难、继续前行的信心和力量。感谢信在公关活动中都能起到保持和发展与其他组织、个人的良好关系，促进彼此进一步合作和交流的作用。

（二）结构和写法

感谢信和慰问信的标题写法与行文结构基本相同，只有正文部分写法有所差异。

1. 标题

感谢信和慰问信标题的写法有三种，一种就是以文种做标题，如"感谢信""慰问信"；一种是"致＋受信方名称＋文种"，如"致全国教育工作者的慰问信"；另一种是"致信方名称＋致＋受信万名称＋感谢信"，如"××致通达物业公司的感谢信"。

2. 正文

（1）感谢信正文应该包括如下三个部分。

① 感谢理由。首先准确、具体、生动地叙述对方所提供的帮助，交代清楚时间、地点、人物、事迹、过程、结果等基本情况；然后在叙事基础上对对方的帮助作恰当、诚恳的评价，以揭示其精神实质，肯定对方的行为。在叙述和评价的字里行间要自然渗透感激之情。

② 说明对方的帮助对自己或本组织的重要性或意义。

③ 表达谢意。在叙事和评论的基础上直接对对方表达感谢之意，根据情况也可在表达谢意之后表示以实际行动向对方学习的态度。对行为背后的好思想、好品格要予以概括和评价，揭示其意义，表达向对方学习的决心，阐明弘扬此种精神的必要性。

（2）慰问信的正文应该包括如下四个部分。

① 写明慰问的背景、原因。

② 表达慰问。

③ 概述对方的先进事迹，对其中可贵的精神和品质进行概括和评价。

④ 表示共同的愿望和决心，或祝愿对方的话。

3. 落款

写明感谢方或慰问方的单位全称或个人姓名，以时间作为全文结尾。

（三）注意事项

（1）需对对方行为的意义和价值做概括和评价，不能仅仅罗列事实。

（2）主体内容写作要突出重点，且篇幅不宜过长。

（3）感情抒写要真诚朴素、恰如其分。

三、倡议书

（一）概念、特点及作用

1. 概念及分类

倡议书是由个人、群体或单位提出某项建议，以期发动大家一起完成某项任务、开展某项公益活动时使用的一种专用信函。

倡议书可以分为自发发起的倡议书和自觉发起的倡议书。前者多为个人或自然形成的某个群体发起的，如某学生发布的《设立"读书节"倡议书》，如由多位音乐家联名发布的《抵制恶俗网络歌曲倡议书》。后者多以单位名义发起，如四川省体育局和四川省体育总会的《"全民健身与奥运同行"倡议书》。

2. 特点

倡议书的特点可概括为：公开性、建议性和群众性。

公开性是就其发布形式而言。倡议书一般公开张贴或在媒体上正式刊登。建议性是就其内容而言。倡议书只是提出建议，对受众没有强制性的约束力。群众性是就其对象而言。倡议书的内容是面向广大群众发出的，但没有具体确定的对象。

3. 作用

倡议书能为所倡议的具体活动争取和凝聚人气、人力；因这些活动往往带有公益性质，所以倡议书也起到了宣传、培养公益意识，建设精神文明的作用；自觉地使用倡议书，还能有助于展现组织良好的社会形象，如上海某公司和新民晚报联合发起的"每月一号，都来敬老"的倡议书，既为老年人提供了服务，也提高了企业形象。

（二）结构和写法

倡议书的结构，分为标题、称呼、正文、落款四个部分。

倡议书的称呼依据倡议的对象而定，有时也可以省略称呼部分，在正文中点明倡议书所针对的群体。

倡议书正文部分的写法应包括以下三个部分：

（1）发出倡议的背景、原因和目的等，这部分要解决一个"为什么要做"的问题。

（2）倡议的具体内容、要求和意义，也就是"要做什么""怎么做""意义何在"。

这部分是倡议书的重点。写的时候，每个部分的各项内容尽量分条列举，以求明晰。

（3）表达倡议者的决心和希望。倡议书结尾一般不用祝颂语。

（三）倡议书的写作注意事项

（1）遵循党的方针和路线，表现改革创新的精神。所提的倡议应是积极的、先进的，同时亦应是切实可行的，以使倡议书具有群众性、普遍性和实效性。

（2）倡议书的写作目的、意图必须明确，内容必须交待清楚，理由要求充足，使阅读者通过阅读对需要做什么，为什么要做，如何做等问题都能够一目了然地找到答案，而且愿意按照倡议书所说跟着去做。

（3）语言除了简明、有条理外，要有强烈的鼓动性和号召力，充分带动和影响更多的响应者。

（四）倡议书范文

致首都慈善义工朋友们的一封信

慈善义工朋友们：

你们好！

五千多年的传承，我们华夏文明绵延不绝，这是特别值得我们庆幸、骄傲和自豪的，大家都有责任续传薪火，让优秀的传统文化继续发扬光大，辉煌灿烂。在我们的祖国大家庭中，你们又是一群特殊的人，所有人都对你们有着一份特殊的感情，你们是平凡的，但更是伟大的，你们是英雄，却又甘于平淡，只因你们有着共同的名字——慈善义工。

生命诚可贵，奉献价更高，你们默默无闻的无私奉献着，时时刻刻都感动着每一个华夏儿女。慈善义工朋友们，你们是社会的楷模，你们是最美丽的人。为响应北京市委市政府的号召，弘扬"爱国、创新、包容、厚德"的北京精神，北京市慈善义工协会特此发起"北京精神·北京榜样——寻找北京最美慈善义工"大型文化系列活动及评选表彰活动。第一届活动于2011年12月22日正式启动，此次活动旨在通过社会生活中的真人实事，以寻找我们"身边人、身边事"的方式对北京精神进行最直接的展现，用我们慈善义工榜样的力量来号召全社会学习道德楷模，自觉践行北京精神，争当北京最美丽的慈善义工。

赠人玫瑰，手有余香。慈善义工是社会的正义力量，更是北京精神在广大市民日常生活中的体现。我们都曾被一些人与事感动，或许也同样做过感动身边人的事情。那么，请你联系我们，跟我们共同分享发生在你身上或者你身边的好人好事。他（她）们的事迹应该为全社会所熟知和学习。

为此，第一届"北京精神·北京榜样——寻找北京最美慈善义工"大型文化系列活动组委会真诚邀请您参加此次活动并向我们推荐您身边的这类人和他（她）们的故事。

参与方式（推荐或自荐）：

推荐电话：6765××××、6765××××

推荐邮件：×××@bjcsyg.com

协会官方网站：http：//www.bjcsyg.org

活动官方网站：http：//www.zmyg.org

邮寄资料报名至：第一届"北京精神·北京榜样——寻找北京最美慈善义工"大型文化系列活动及评选表彰活动组委会办公室

地址：北京市丰台区刘家窑桥东嘉业大厦二期2号楼3A08室

邮编：100079

北京市慈善义工协会

2011 年 12 月 21 日

四、介绍信与证明信

（一）概念与作用

1. 概念

（1）介绍信是单位为介绍本单位有关人员到另一个单位去联系工作时使用的专用信函。介绍信一般有三种：第一种是手写的介绍信；第二种是印刷式的无存根的介绍信；第三种是印刷式有存根的介绍信。

（2）证明信是个人或单位用来证明关于某人的身份、学历、工作经历或关于某事件的真实情况而使用的专用信函。证明信也可分为两种：一种是以单位名义书写的；另一种是以个人名义书写的。

2. 作用

（1）介绍信的作用是向别的单位证明持信者与本单位的所属关系，并向对方单位介绍说明持信者此去需要接洽的事务。

（2）不同的证明信作用有所不同。单位开具的证明信主要用来证明某人与该单位的所属关系（曾经或正在该单位工作）及其身份、职务、学历、工作情况等，其真实性由开具证明信的单位负责。由个人名义写的证明信主要用来证明某个事件的真实情况，其真实性由写信者负责。

3. 介绍信和证明信的异同

（1）相同点

① 作用相同：两者均具有一定的证明作用。

② 使用者相同：两者均可以以单位名义书写。

③ 书写形式相同：两者均可以根据需要使用手写式或印刷式。

（2）不同点

① 使用者不同。介绍信只能以单位的名义开具，个人没有资格开据介绍信；证明信可以以单位的名义也可以以个人的名义书写，要看具体情况而定。个人社会交往中需要向不相识的第三方介绍自己身份的，可请与第三方相识者写信，但其文稿属于日常书信，不属于本章所说的专用信函。

② 适用的范围不同。介绍信仅仅在联系工作时，向对方介绍来者身份和联系事宜时使用，证明信能证明的范围比介绍信广泛。

③ 行文内容与结构不同。介绍信的结构和内容相较固定，少变化。证明信的长短和内容视具体情况而定。

（二）结构和写法

专用信函的格式具有一定的相似性。下面具体介绍介绍信和证明信的写法。

1. 介绍信的结构和写法（以有存根的印刷式介绍信为例）

介绍信结构上以间线为界，分为存根、正式联两大部分。

（1）存根部分。存根部分分为首部、正文和落款三部分。

① 首部：第一行居中为"介绍信（存根）"五个字；第二行右下方为"○○字第○○号"。

前面填写单位代字，后面填写介绍信的编号，编号用大写汉字填写，如第"陆拾玖号"。

② 正文包括如下内容：被介绍者的姓名、人数、前往何处办理何事。

③ 最后是开具介绍信的日期，无须写单位名称。

（2）介绍信的间缝部分。介绍信间缝部分位于存根和正式联之间，是二者的分界线。这条间线是虚线，虚线上有"○○字第○○号"字样，填写内容与存根第二行内容相同。字体要大些，以便存根裁剪下来后，在存根和正式联上都能保留半行字迹。虚线正中部分要加盖公章，叫骑缝章。

（3）正式联部分。正式联也分为三部分，即首部、正文和尾部。

① 首部：同存根部分。

② 正文：比存根部分多了称谓。称谓顶格写，写明受信单位的名称或个人姓名。

正文内容同存根联。最后加上"请予接洽并予以协助"一类期请用语。

③ 尾部：尾部包括敬勉语和落款两部分。敬勉语一般使用"此致—敬礼"即可；落款部分要求写单位全称，在单位名称下一行写日期，并加盖公章。

另外，介绍信左下角有"有效期"一项需要填写。介绍信中的日期、编号都用大写汉字。

2. 证明信的结构和写法

（1）标题

证明信可以直接用文种做标题，如"证明信"；也可以用"事由 + 文种"做标题，如"关于××××同志××××情况的证明"。

（2）称呼

同介绍信的写法。

（3）正文

称呼写完后另起一行空两格写正文。正文的主要内容多为针对需要证明的问题进行简明扼要地陈述。正文写完，连着正文后面写"特此证明"四个字；或者另起一行，顶格写。

（4）落款

落款的写法亦可参照介绍信的落款。以单位名义写的证明信要加盖公章，以个人名义写的证明信要加盖私章，否则无效。

（三）注意事项

（1）介绍信和证明信的内容不得涂改。若一定需要涂改，必须在涂改处加盖公章或私章，否则，介绍信无效。

（2）信件的书写要保证内容真实，表述简洁明确。

（3）以单位名义书写的介绍信、证明信完成后，应装入公文信封内；以个人名义写的证明信可以放在一般的信封里，写法参照概述中有关内容。

本 章 测 试

一、词语解释

1. 请柬

2. 邀请函

3. 感谢信

4. 慰问信

5. 倡议书

二、简答题

1. 请简述专用信函的分类和作用。

2. 请简述请柬、邀请函的写作注意事项。

3. 请简述感谢信、慰问信的写作注意事项。

4. 请简述倡议书的写作注意事项。

三、写作实践

请参考教材中的范文，分别拟写一份请柬、邀请函、感谢信、慰问信、倡议书、证明信、介绍信，掌握写作格式和写作要求。

第十三章　礼仪、告启类文书

　　■ 学习重点

　　掌握礼仪性演讲稿、条据、告启类文书的实际写作能力

　　了解礼仪性演讲稿、条据、告启类文书的分类及特点

　　熟悉礼仪性演讲稿、条据、告启类文书的语言特点

　　■ 学习难点

　　真正了解各类礼仪性演讲稿的写作要求，并能根据不同的场合、不同的要求写出适当的演讲稿；真正掌握条据、告启类文书的写作能力

第一节　礼仪性演讲稿

一、概述

　　演讲是现代社会中，组织、个人为实现与其他组织、公众的沟通而采用的交流方式。它是主动向公众公布信息的便捷途径，是展现组织形象、体现演讲者个人魅力及综合素养的有效手段。它在争取公众对演讲者及其所代表的组织的认同感、提升其美誉度方面都有着明显的优势作用。正因如此，演讲成为现代社会组织、个人使用越来越频繁和广泛的沟通方式。

　　演讲的内容千差万别，按其性质可分为两大类：一类是礼仪性的演讲，如各类致辞，它们是社交礼仪的重要组成部分，主要表达致辞方的情感态度，较少涉及具体事务，不处理具体问题；另一类是事务性演讲，如竞职（选）演

说，主题演讲（发言），这类演讲多少也具有情感的色彩和功能，但它们重在论证表明自己在具体问题上的看法和态度。也就是说，第一类演讲是重在感情的表达，另一类演讲是重在理性的分析。在实际公务活动中，礼仪性的演讲往往是整个活动的序曲或尾声，而事务性的演讲、发言是主题的展开部分，是实质性的部分。

大部分的演讲只通过现场发表的形式来完成，其中也有一部分会随后在各级媒体上刊载公布。无论何种发布形式，事先拟定内容完备、措辞得体的演讲稿是完成一次成功的演讲不可或缺的步骤。这在公务活动中显得尤其重要。下面具体分析礼仪性演讲稿的概念、特点及使用注意事项。

（一）概念

礼仪性的演讲稿是指出于社交礼仪的需要发表演讲时所依据的文字稿本。根据其具体用途，可以分为欢迎辞、欢送辞、答谢辞、开幕词、闭幕词、颁奖词、领奖词和贺词等。

（二）特点

礼仪性演讲是为了某种社交活动的需要而表达致辞方情感的讲话，此演讲具有以下特点。

1. 使用礼貌得体的口语

演讲稿通过演讲者口头发布，符合口语习惯的语言对听、说双方说来都是更合适的选择（比如，避免使用太长的句子，避免使用音同意不同的词汇）。虽说是使用口语，但不能把这里所说的口语完全等同于日常生活中使用的口语。因为它要符合正常的语法规范，并且始终要严格保持"礼貌得体"的底色和基调。因此，此处所说的口语是一种介于书面语和日常口语之间的语言样式。

2. 传递真挚欢愉的情感

礼仪性演讲稿主要的作用在于进行积极的情感沟通。真挚和欢愉是演讲者与公众之间积极的情感沟通得以实现的保证。通过演讲者的表现来传递情感，以实现演讲的目的。

3. 以短小精悍的形制呈现

礼仪性的演讲稿不涉及具体问题，只表明致辞方的情感、态度、愿望等。因此，演讲稿无须长篇大论。礼仪性的演讲只是正式活动开始前的序曲或活动的结束，并非活动的主体内容，故不宜长篇大论。

（三）演讲注意事项

（1）代拟者要充分考虑演讲者的特点来进行写作。礼仪性演讲稿经常存在着"代拟"情况，即现场演讲者是作为该组织代表的高层领导，而撰稿者常常另有其人。此种情况下，如何使演讲稿体现出本组织领导的思想深度、文化素养乃至个性魅力，进而在公众面前展现良好的组织形象，这是代拟者撰稿时必须注意的问题。

（2）礼仪性演讲要根据演讲的环境、听众的类别适度地调动自己的情绪、把握好表情，力争达到使用简短的话语调动活动气氛的作用。

二、欢迎辞、欢送辞、答谢辞

（一）概念和作用

1. 概念

（1）欢迎辞是友好组织、个人应邀到访时，在主方举行的欢迎仪式或欢迎宴会现场，由主方代表向来宾致辞所依据的文字稿。

（2）欢送辞是友好组织、个人访问或活动行程即将结束时，在主方举行的欢送仪式或欢送宴会现场，由主方代表向来宾致辞所依据的文字稿。

（3）答谢辞是来宾访问即将结束，在主人举行的欢送仪式或宴会上，或由来宾自己举行的告别仪式或答谢宴会上，由来宾代表向主方致辞所依据的文字稿。

2. 作用

欢迎辞、欢送辞、答谢辞（以下简称"三辞"）可用于私人社交活动，也可用于公务活动。私人交往中的"三辞"一般是在个人举行较大型的宴会、聚会时使用，往往具有很大的即时性、现场性。公务活动中的"三辞"一般在举行较隆重正式的活动时使用，需要事先准备好得体的书面文稿，措词较私人社交活动中的要更正式和严格。无论何种情形，"三辞"的重点不变，即欢迎辞要充分表达出主人对来宾的欢迎之情，欢送辞要充分体现主人对来宾的惜别之意，答谢辞要传递来宾对主方的感谢之情。"三辞"是礼仪色彩极强的文书。

（二）结构和写法

"三辞"的结构相似，都由标题、称谓、正文三部分组成。有些时候，还可以加上落款部分。

1. 标题

标题写法一般有两种。一种是单独以文种命名，如"欢迎辞"；另一种是

"事由 + 文种"构成,如《建校三十周年庆祝会答谢词》。由于大部分时候"三辞"都只以现场讲演的方式发布,且有主持人介绍并请出致辞者,实际致辞时,往往并不需要再念标题,而是直接从称谓部分开始。致辞的标题只在报章上发表时才出现。

2. 称谓

称谓的情况稍微复杂些,我们就以欢迎辞中的称谓为例。

(1)要使用尊称,在称呼的前后加上一些修饰词,如前加"尊敬的""亲爱的""敬爱的"等,后面可以视情况加上诸如"殿下""阁下"等。

(2)在客人较多且有主宾的时候,一般先称主宾再称副宾。对主宾要特称,一般用"尊敬的 + 姓名 + 职衔"来称呼;如主宾有多个,则按其职衔高低依次称呼。

(3)在客人较多且没有主宾的时候,可以用泛称,如"尊敬的女士们、先生们"。

欢送辞、答谢辞中的称谓方法也遵循同一原则。

3. 正文

"三辞"的正文一般都可分为开场白、正文主体和结束语三部分。

(1)开场白。通常应说明现场举行的是何种仪式,发言者代表什么组织向哪些人做何种致辞。

(2)正文主体。这一部分"三辞"的写法不同,下面分别介绍。

①欢迎词在正文主体部分一般要阐述和回顾宾主双方在共同的领域所持的共同的立场、观点、目标、原则等内容;较具体地介绍来宾在各方面的成就及在某些方面做出的突出贡献;同时要指出来宾本次到访或光临对增加宾主友谊及合作交流所具有的现实意义和历史意义。

②欢送辞在主体部分要回顾总结通过本次访问或合作活动取得的积极成果(双方在哪些问题上达成了一致的立场,取得了哪些突破性的进展),肯定本次来访或合作对进一步交往具有的深远意义。欢送辞名为"欢送"实际要注意表达的是"惜别"。

③答谢辞的主体部分简要回顾本次访问的经过及收获,着重强调主方在此过程中给予的帮助和支持;对双方达成的共识或合作成果给予充分肯定;对未来做积极的展望。答谢辞需要适当呼应欢迎辞、欢送辞的有关内容。

④结尾。通常在结尾处再次表示欢迎、惜别或答谢之意,并表达主人对今后继续保持和加深合作关系的良好愿望。

有时正文之后还有落款部分。落款要署上致辞组织名称、致辞者的身份、姓名，并署上成文日期。若需刊载，则应在题目下面或文末署名。

三、开幕词与闭幕词

（一）概念和作用

开幕词是召开重要会议时的第一个会议发言，发言者一般是主办方领导或其上级单位领导。开幕词的作用有三：一是宣告大会开幕；二是说明大会的主要议题和任务；三是为大会奠定基调、确定方向。

闭幕词是在重要会议结束前的最后一个会议发言，发言者同样应为主办方领导或其上级单位领导。闭幕词的作用和开幕词相对，也可以分为三个方面：一是宣告大会闭幕；二是对大会做出概括性的评价和总结；三是对未来工作的展望。

（二）结构和写法

开幕词、闭幕词的结构和前述三种致辞的结构类似。一般都由标题、称谓、正文三部分组成，有时正文之后还有落款。

1. 标题

标题有三种写法。

（1）会议名称+开（闭）幕词。如《中国物流协会2016年年会开幕词》《好运北京——2010年冬季全民健身长跑运动会闭幕词》。

（2）领导人姓名+会议名称+开（闭）幕词。如《王欣明校长北京××大学60年校庆开幕式致辞》。

（3）采用正、副标题结合的形式。如《提高写作阅读能力——2016年"应用写作年会"开幕词》。

2. 称谓

根据会议性质和与会者身份来确定称谓。具体写法可参阅欢迎辞的有关内容。

3. 正文

（1）开幕词的正文大体可分为四个部分。

① 宣告会议开幕。开幕词是会议正式开幕的标志；

② 介绍参会人员情况；

③ 说明会议召开的背景、目的、任务，从而为会议确定议题、奠定基调；

④ 对会议效果做出积极的预期。最后一般以"祝愿大会获得圆满成功"作为结束，也可以提出带鼓动性的口号。

（2）闭幕词的正文大体也可以分为四个部分。

① 预告会议即将闭幕；

② 概括和总结会议进程和已取得的成果；

③ 对本次会议的积极意义和影响进行恰当的评价；

④ 对保证大会顺利进行的有关组织及服务人员表示感谢。闭幕词可以"我宣布……胜利闭幕"作为结束，也可以简练精辟的语言对未来工作进行积极展望。

（三）注意事项

在实际使用中，开、闭幕词正文部分的内容可视情况不同而适当增减，并非一定要四个部分都具备，有些开、闭幕词只对有关内容简单概述不做展开，如《扬帆起航——2016 年中国石化青岛国际帆船赛闭幕词》，就可以简单完成；有些则在概述的基础上要有重点地展开。实际写作中视具体写作要求来确定内容的繁简。

四、颁奖词与领奖词

（一）概念和作用

颁奖词是在颁奖仪式上，会议主席、主持人或颁奖嘉宾向来宾介绍获奖者，陈述其获奖理由，评价其突出成就时所依据的文字底稿。

领奖词又称获奖感言，是获奖者上台领奖时向颁奖者及现场来宾表达获奖感想时依据的文字底稿。

（二）结构和写法

总的来说，颁奖词和领奖词的结构，可以分为标题、称呼、正文三个部分，或再加上落款部分。两者写法相似，在实际使用中，标题和称呼有时均可省略。下面介绍主体部分的写作。

1. 颁奖词

（1）介绍评奖活动的基本情况，介绍奖项设置的目的和意义，宣布获奖者名单（在大型颁奖活动中，这部分内容往往出现在颁奖活动的开幕致辞中，颁奖词实际上常常从第 2 点开始）。

（2）向获奖者表示祝贺。

（3）介绍具体获奖者的情况，陈述其获奖理由，充分而恰当地肯定获奖者所做出的贡献。

（4）对获奖者未来的成绩和发展做出积极的预期。

颁奖词一般篇幅短小，语言精练，有赞美之情而无溢美之辞。

2. 领奖词

（1）向颁奖嘉宾、评奖活动主办方表示感谢。

（2）简短回顾和总结过去的工作，对为今日之成绩做出贡献、提供帮助的组织和个人表示感谢。

（3）概述从获奖中得到的鼓励。

（4）简述今后的打算或努力的方向。

领奖词一般短小精悍，措辞谦虚诚恳，恰当地表达喜悦和感谢之情，内容上要适当呼应前面的颁奖词。

五、贺词

（一）概念和作用

贺词又称祝词或祝贺词，是在喜庆性的集会或仪式上作表示祝福、祝贺或共同庆贺的演讲所依据的文稿。贺词的使用非常灵活和广泛，种类很多。

（1）根据写作目的不同，可以分为：祝寿辞、祝酒辞、节日贺词、开业贺词、活动贺词等。

（2）根据受词者的身份不同，可以分为：致个人的贺词，如祝寿词；致组织的贺词，如开业贺词、活动贺词；致广大群众的贺词，如国家领导人的新年贺词。

（3）根据致词方与受词方的关系，可以分为：来宾对主人的，如祝寿词；组织代表致组织内部公众的，如公司新年联欢会上公司领导对员工的祝酒词；上级组织致下级组织的，如太平洋人寿保险苏州分公司致张家港支公司的开业贺词；友好组织间的，如国际奥委会主席致奥运全球合作伙伴签约仪式的贺词。

这些分类只为说明贺词的使用范围和情况，只具有相对意义，在实际使用中，有可能出现兼跨几类的情况。

（二）结构和写法

贺词的结构、写法与前述致辞的结构和写法基本一致。需要说明的是，贺词的正文部分的写法一般是，首先说明自己以何种身份、因何事向何组织或个人表示何种祝贺，接着扼要而恰当地评价受辞方已取得的成绩，最后视具体情况提出希望或再次表示祝愿。

（三）写作注意事项

贺词的语言应热情明快，篇幅应短小精悍，评价应中肯，风格应灵活得体。

第二节　条据、告启类文书

一、条据类文书

（一）概念和作用

条据是一种书面凭证，由写条人写了交给收条人。按其作用可以分为说明性条据和凭证性条据。前者如各种便条，后者如借条、收条、欠条等。

1. 说明性条据

说明性条据实际上是一种具体而微的书信。它一般托人代转或留在对方可以看见的地方，是不通过邮局邮寄的一种书信。如请客便条、请假条、索款便条等。

2. 凭证性条据

（1）借条。又称借据，是个人或单位借用个人或单位的现金、财物时，由借用方写给出借方的一种书面凭证。

（2）收条。又称收据，是个人或单位收到个人或单位送来的现金、财物时，由收到方写给对方的一种书面凭证。

（3）欠条。是个人或单位借用个人或单位的现金、财物，到期不能归还或不能悉数归还时，由欠钱物方写给对方的一种书面凭证。

（二）结构和写法

条据一般分为标题、称谓、正文、落款四个部分。其中，凭证性条据中没有称谓，对象在正文中写明。

条据的写法可参阅专用信函。这里仅对凭证性条据正文和落款部分的写法做简单介绍。

1. 借条（借据）

借条的正文部分应该包括：由何处（人）、借得何物、数量多少、品种、型号、质量、规格如何，何时归还。正文结束后，紧接正文写"此据"，加句号；或者另起一行，空两格，写"此据"，这时无须加标点符号。

借条以单位名义写的，落款第一行写单位全称，第二行写具体经手人的姓名，第三行写日期，以单位名义写的借条需要加盖单位公章。借条以个人名义写的，只要在落款处写清姓名并标明日期即可。

2. 收条（收据）

收条的正文部分应该包括：由何处（人）、因何故、得何物、数量多少、品种、型号、质量、规格如何。正文结束后，紧接着写"此据"，加句号；或者另起一行，空两格，写"此据"，这时无须加标点符号。落款写法同借条。

3. 欠条

欠条的正文部分应该包括：欠何处（人）、何物、数量多少、品种、型号、质量、规格如何、何时归还。落款写法同借条。

（三）写作注意事项

（1）凭证性条据中的钱款数额、财物数量都应以大写汉字写明；钱款数额前还须写明货币种类，钱款数额后应加"整"字，如"人民币伍佰圆整"，以确保这些重要信息不可被更改。

（2）凭证性条据落款处的日期若用汉字书写，如"二〇一〇年三月十五日"，其中的"〇"不能写作"零"。

（3）条据类文书一般要求用签字笔或钢笔书写，切忌使用铅笔，尽量避免使用圆珠笔。

（4）借钱物者还清钱物时，出借方应将借条归还对方或当面销毁。

二、告启类文书

（一）概念与两者区别

1. 概念

（1）启事。启事是单位或个人有需要公开告知并希望得到配合和帮助的事项时，张贴在公共场所或通过媒体公开发布的一种文书。按其内容不同，可以分为找寻启事（包括寻人、寻物）、招领启事、征婚启事、征订启事、征集启事（包括征集意见、征集方案等）、招聘启事、开业启事、迁址启事等。

（2）声明。声明是单位或个人就某一问题、事件公开表明自己的态度、立场和主张而撰写的文书。常见的声明有遗失声明、澄清声明、公布性的声明。

2. 启事和声明的区别

（1）启事往往有希望被告知者响应、配合、支持、帮助的意思，而声明仅需公开表明态度、立场等即可，不附带需要被告知者配合的意思。掌握了这一区别，就可以避免在实际使用中将声明和启事混同的情况。

（2）启事不具有法律效力。但是按法律规定刊登内容真实合法的声明后，即推定社会上不特定的所有人都应当知道声明的内容，此后由他人冒用产生的后果，不再由发布声明者承担，即刊登声明能解除当事者的相关责任。

（3）启事可以自行张贴在公共场所，也可以在媒体上发布，但声明应通过公开发行的报刊刊登，自行张贴的或网上发布的不具有相应的法律效力。

（二）结构和写法

1. 启事

启事一般包括标题、正文、落款三部分。

（1）标题。启事和声明，标题的写法一样。一般以"事由＋文种"构成，如"招聘启事""征稿启事"；还可以用"单位名称＋事由＋文种"构成，如"大时代餐饮公司开业启事"。用"单位＋事由＋文种"做标题比较常见，其好处是能突出重要信息，令人一目了然。

（2）正文。正文中书写需要告知的基本事项。这部分内容繁简不一，需视具体情况而定。如开业启事，需告知开业时间、地点、经营范围，是否有适当优惠；迁址启事只需说明从何时起迁往何地。有时，可以视具体情况增加一些内容。比如招聘启事可以增加对本单位的情况的介绍，再以"现因业务发展需要，特招聘如下人员"引起下文；征稿启事可以在开头说明发起、举办该活动的原因、目的或意义，在文尾说明奖项的设置情况等。

根据需要，在启事中还须写明被告知者参与或提供帮助的办法及要求。如征稿启事需要说明对作者资格的要求，稿件内容、字数等的规定，截止的日期及联系方式等。在招聘启事中，需要说明具体岗位的职责及对应聘者的要求、联系方式等。

（3）落款。以单位名义发布的启事，需签署单位全称。以个人名义发布的启事，书写当事人姓名即可。在署名下一行，写明发布日期。落款在正文右下方书写。

2. 声明

声明的结构和写法与启事的结构和写法相类似。针对不同的具体情况，正文部分写法有所不同，以下分别加以说明。

（1）遗失声明。遗失声明是单位或个人遗失重要证件后为防止被他人冒用，在公开发行的报刊上刊登的文书。遗失声明要具体说明失物的名称、独一无二的识别标志即编号，并宣布作废。若同一单位或个人遗失多个重要证件，可以一并声明作废。

（2）澄清声明。澄清声明是在单位或个人发现自己的身份被冒用，合法权益受到侵害后，出于为自己"正名"并尽快阻止侵害行为及后果的进一步发展而公开刊登的文书。

顾名思义，澄清声明在内容上有鲜明的针对性，即针对侵害自身权益的言论和行为。

（3）公布性声明。从某种角度看，所有的声明都具有"公布性"，这是它们的共同点。不同的是，有些声明是被动而为，而有些声明则是主动而为。前面所说的遗失声明、澄清声明都是对某个先发事件做出的被动反应，比如证件遗失或权益受到侵害在先。遗失声明和澄清声明的发布在后。这里将"公布性声明"列为一类，是用于专指那些由组织或个人主动发布某些信息的声明。

启事和声明的种类很丰富，但写作相对都比较简单，故不再一一介绍其写法。在实际应用中，写作者把握总体原则，本着清晰、完整的思路来进行写作即可。

（三）写作注意事项

（1）启事和声明应一文一事，具体简洁，短小精悍。

（2）撰写启事所用的语言要谦虚有礼，表示期请要态度恳切，切忌使用命令的口气。撰写声明所用的语言要明确，语气应确定、不容置疑。

（3）注意"启事"和"启示"的区别。作为应用文的一种，只能写"启事"，不能写"启示"。

本 章 测 试

一、名词解释

1. 欢迎辞

2. 欢送辞

3. 答谢辞

4. 开幕词

5. 闭幕词

6. 启事

7. 声明

二、简答题

1. 启事和声明有什么区别?

2. 条据类文书的写作注意事项包括哪些?

3. 请简述礼仪性演讲稿的特点及写作注意事项。

三、写作实践

1. 请你在 9 月 10 日教师节前夕,给你高三班的班主任老师写一封慰问信。

2. 2016 年 10 月 16 日是北京××大学 30 周年校庆纪念日,该校定于该日上午九点在校礼堂举行庆典,请你代北京××大学写一份请柬,邀请曾在该校任教,现担任北京市副市长一职的××教授出席校庆大会。

3. 请为校向日葵文学社社刊《萌芽》拟写一份征稿启事,请写明作者限定、稿件要求、投稿截止日期、投稿方式等内容。

4. ××大学大学生辩论队在第十届全国高校辩论赛中获得了冠军,请你以××大学学生会的名义写一封贺信。

5. 请试写借条、欠条、收条各一份。

第十四章　求职信与求职简历

第一节　求职信的写作

一、求职信的概念及重要性

（一）求职信的概念

求职信即书面求职申请，也称应征函、应聘信，是求职者写给用人单位的信，目的是让对方了解自己、相信自己、录用自己，它是一种私人对公并有求于公的信函。求职信的写作要求内容简练、明确，切忌模糊、笼统、面面俱到。写作应围绕"我真诚应聘，我符合要求，我定能胜任"展开。

求职信的功能主要是通过求职者主动的书写行为和阅读者（招聘者）之间做积极的沟通，进而让对方了解书写者认真的态度、充分的准备、强烈的愿望和有效的契合度，为自己争取到面试的机会。因此，很多求职信都会以"希望贵公司能够给我一次面谈的机会"作为结束语。

（二）求职信的重要性

求职信有着求职简历不可替代的重要性，但在求职活动中求职信却常常被写作者忽略，他们认为写好求职简历就万事大吉了，而求职信可有可无。因此，在求职过程中，他们往往忽略求职信的写作，或者根据求职简历内容随便写一封求职信，这些行为是非常不可取的。求职信的重要性体现在以下两个方面。

1. 求职信是自我推销的良好手段

由于求职信的写作要求求职者在对所聘岗位有充分了解的基础上完成，所以一份好的求职信可以充分表达求职者对所聘岗位的了解与认知，表达写作者强烈的求职愿望。同时，在求职信中可以充分地强调求职者与所聘岗位的契合度，有针对性地推销自己。

2. 求职信可以帮助企业快速了解求职者

在国外，求职信和求职简历是一样重要的，是求职者的必备工具。据调查，目前国内大多数公司的人力资源经理也是很看重求职信的。而对很多国内的企业和政府机构而言，求职信则具有更重要的作用。企业认为一封好的求职信不仅是求职者情况的介绍，而且同时企业也可通过求职信了解到求职者的语言表达能力及处理问题的能力。

二、求职信的写作内容及类型

（一）求职信的写作内容

一封好的求职信是求职者针对所聘职位最贴切、最精准、最有效的推销，目的是让阅读者读信后会为写作者安排面试机会。因此，求职信的写作必须要做到针对性强，切忌"一信打天下"的做法。具体的写作准备及写作内容包括以下六个方面。

1. 仔细阅读招聘启事，真正读懂职位介绍

一般的招聘启事都会列举出对应聘者的要求。但有些时候所见并非全部，有一些隐性的条件需要阅读者思考分析方能得到。因此，在写求职信之前，要列举出招聘者的所有条件，包括启事中已列出的职位要求和阅读者分析得出的未列出的职位要求。

2. 针对职位要求列出自己的相关能力与经历

写求职信的目的是让招聘者看到自己和职位的契合度。因此，在分析了职位要求之后，就要针对性地写出自己相关的能力及经历。在最开始的位置写明自己的能力与相关经历，让招聘者一目了然地看到所需信息。

3. 写出自己对于应聘职位的个人兴趣

除了能力与经历外，如果能再列举出与职位相关的个人兴趣，那么争取到面试机会的概率会更高一些。因此，在分析了职位显性、隐性要求之后，考虑与要求相关并能帮助胜任工作的兴趣爱好，分析给招聘者看，一定会加分的。

4. 写出自己与应聘职位相关的最耀眼的能力

在前面把基本情况介绍清楚的基础之上，可以进一步强调个人的闪光点。单独列出自己与职位相关的最耀眼的能力可以更进一步加深招聘者对你的良好印象。

5. 添加个人化的与应聘相关的内容

如果前面的内容还不足以充分展示自我，那么，就再列一部分着重强调自己与这份工作相关的个性化资料。若实在没有特别的资料可以书写，这部分就可以省略。若伪造资料，失了诚信，得不偿失。

6. 选择相应模板，措辞成文

准备工作都做好之后，就要根据自己的实际情况，选择相应的模板来书写求职信了。现在的网络资源很丰富，写作者可以根据应聘单位的企业文化及自己求职内容的多寡，来选择模板进行写作。在写作过程中，尤其要注意文章的开头和结尾，力求简洁、明确、完整有效。

（二）求职信的写作类型

根据招聘单位的企业文化、求职者对应聘单位的理解与熟悉程度等求职情况的不同，求职信的写作可以采取不同的表达方式。无论采取哪种方式，写作目的不外乎引起阅读者的关注，获得与招聘单位进一步接触的机会。根据写作情况与表达方式的不同，求职信可以分为以下四类。

1. 开门见山型

如果求职者与招聘单位没有任何能够建立关联的可能，求职信不妨采用开门见山的方式进行陈述。写作者按部就班地说明自己从哪里获得了招聘信息，个人的基本情况如何，等等。既然是基本情况的介绍，是要靠文字陈述取胜，那么就更要注意表达的逻辑关系及层次安排，引导阅读者了解自己的优势与特点。

2. 友人推荐型

若求职者能够通过朋友或各种其他方式与要去应聘的单位建立关联，那其获得面试的机会将大幅提升，甚至有可能直接获得某一职位的面试机会。但若只是一般的关联，还需投递简历和求职信的情况下，则应聘者一定要更加认真地书写求职信，表达自己的诚意，突出自己的优势。由于能够与招聘单位建立联络，那么不妨在写求职信之前，详细询问招聘单位对于职位的具体要求，以便让自己的求职简历和求职信写得更有针对性，更能吸引与打动阅读者。

3. 近水楼台型

这类求职信适用于已经在招聘单位内部工作或者实习的求职人员。由于对于应聘单位比较熟识，所以有时会忽略了求职信的写作。之所以把这一类单独划分出来，就是要提醒有这类情况的求职者要对自己的求职要求有足够的重视，按部就班地履行求职程序。

4. 追求个性型

如果求职者对应聘单位的企业文化和自己的写作能力有十足的了解与把握，可以选择出其不意，进行个性化的求职信写作。可以选择把求职信直接写给所要应聘部门的领导，可以选择使用特殊风格的写作基调完成写作。当然，高风险与高回报是相依相伴的。个性化写作可能会吸引阅读者，获得面试机会，也可能招来阅读者的反感，从而彻底失去机会。

三、范文评析

（一）例文

求　职　信

尊敬的王先生：

您好！

我是北京××大学计算机系 16 届的本科毕业生。我有幸在贵公司的网站上看到了有关招聘研发研究员的信息。我非常希望能够应聘该职位。为此，我带上了我在校的优秀的学术背景和学习经历以及对公司的热情，向贵公司投递简历，申请研发研究员一职。

除了在大学的四年计算机专业学习的经历以外，我还在各种研究项目、实践活动和科研活动中锻炼各方面的能力，包括优秀的专业研究能力及良好的英语听说能力，等等。同时，通过参与各项活动丰富了我与人沟通、与人协作的经历。这一切都为我应聘贵公司的研发研究员做好了充分的准备。我相信我的到来，将给贵公司这个正在不断发展壮大的 IT 团队带来我应有的贡献。具体分析如下。

公司研发研究员要求的素质	我所具备的素质
●重点院校大学本科以上学历	●北京某大学计算机专业本科毕业，具有较好的学术背景和学历
●具有相关研究工作经验者优先考虑	●曾在包括 IBM 在内的多家 IT 行业公司实践，熟知燃尽开发的整体流程，具有独立研发能力

- 对软件开发工程有深刻的理解，良好的专业技术水平

- 本科阶段已参加导师课题组的研究，相关的优秀毕业设计

- 流利的英语听说能力

- 在跨国 IT 企业实习中，锻炼了自己的英文听说能力，四、六级成绩优异

- 吃苦耐劳、责任心强、耐心细致、具备团队合作精神

- 善于与人沟通，具有较好的团队合作精神、协作精神

- 能够在工作中承受一定的压力

- 在高压力下工作能力强

非常感谢您能在百忙之中抽出时间阅读我的求职信。同时也万分期待能够在您方便的时候与您见上一面，给我一个机会来向您展示更多的我。

顺颂

商祺！

联系方式：地址
手机：86 - 139
E - mail：

签名：XX 大学计算机专业理科学士
邮编：
宅电：86 - 010

（此文参考《HiALL 求职快车 - 简历篇》）

（二）例文分析

这是一名计算机专业的应届本科毕业生所写的求职信。从招聘单位的角度来看，这份求职信具有以下优点。

1. 开门见山

这封求职信采用了开门见山的方式表达了求职的愿望，直接、有效。这种方式也是最为常见的一种求职信写作方法。在信中直截了当地说出自己的愿望与基本情况，强调求职愿望，突出个人优势。

2. 简明扼要

作为一封自荐的求职信，以不遭对方的反感并引起对方注意为最重要。简明扼要的求职信容易激发读者的阅读兴趣，而且由于不会对阅读造成任何障碍和困难，便于阅读者抓住重点，实现信息传播的目的。

3. 格式齐全、规范

一份格式齐全规范的求职信体现了求职者较高的文化素养和写作能力。受文对象明确，敬语使用符合要求。正文部分针对自己的求职目标，向招聘者说明了自己的身份、素质、能力、态度及渴望获得面试机会的意愿。落款部分符合信函的使用要求，包括求职者的署名、联系方式及成文时间。

4. 正文部分的逻辑层次清晰

一般来讲，求职信由这样四部分组成：

（1）介绍求职者的毕业院校、所学专业、学历层次和毕业时间。

（2）围绕自己的所学专业，介绍自己的优点和特长，概括自己在校期间如何有针对性地锻炼和提高自己的专业素质和实践能力，并指出这些自我描述可在求职简历相佐证材料中得到支持。有理有力有节，具有较强的说服力。

（3）说明自己的能力和态度如何与招聘单位的需要相吻合，采用对比陈述更加清晰。话语间表现出诚挚、中肯、谦逊、踏实、负责地做人与做事风格。

（4）对审阅求职材料的人表示感谢，并向其提出了获取面试机会的渴望。

5. 内容明白晓畅，无错字错句

求职信可以体现求职者的文化素养和写作风格。因此，写作者必须重视文章的写作，在语言的使用上，要有所讲究，尽量避免使用口语及歧义句，追求表达得清晰、明白、晓畅，写作中一定要避免错字、白字的使用，以免因小失大。

四、求职信的写作注意事项

求职信是为我们打开职业生涯的"敲门砖"，写好了能为自己加分，为获取理想工作起到积极作用；反之，则会是我们的求职过程中的障碍，甚至因为这一失误而丢掉一次机会。因此，在写作求职信的过程中一定要谨慎，以下事项一定要格外注意。

（1）针对不同的雇主和行业，准备不同的求职信，切忌"一信打天下"的做法。

（2）称谓语要使用明确的称呼，忌讳写"尊敬的先生/女士"等。因此在写信之前要对求职单位有适度的了解。

（3）在求职信中要明确自己能为公司做什么，能为公司带来什么，以打动阅读者。

（4）不要对自己的求职情况或人生状况作任何消极的描述。

（5）语言简洁，直奔主题，层次清楚。

（6）实事求是，不卑不亢，不要写没有实力的空话和假话。

（7）格式规范，字体统一，篇幅不要超过一页。

（8）不要出现错字、错句和逻辑混乱，这体现了一个人的基本素质。

（9）版面布局要合理，注意整体美观。

五、求职信的使用方式

求职信一般并不单独使用，而是带附件使用。求职信的附件主要包括：求职简历及必要的佐证材料。

现实生活中也有人并不使用求职信，而是仅仅提供求职简历及必要的佐证材料，这样做其实并不好。在求职行为中，尽管求职信常常不会得到足够的重视，也并不见得能够对求职者获得面试机会产生多大的促进作用。但是，如果没有求职信，就反映出求职者个人素质的欠缺了。不使用求职信主要是在海投中出现，是求职者缺乏目标感的体现，另外还表现出对招聘单位不够尊重的态度。

第二节　求职简历的写作

写求职简历是每一个大学毕业生都会遇到的事情。如何写求职简历？写什么？怎么写？如何通过写一份令招聘单位满意的求职简历使自己获得一个面试机会？

一、写求职简历的前提条件

（一）正确观念的形成

写求职简历的目的是争取面试机会。通过求职简历争取面试机会的要点在于求职简历要让招聘者感兴趣。要实现这一目的，就需要在求职简历中体现出求职者对岗位具有较强的针对性和符合度。如何在求职简历中体现出这种针对性和符合度呢？这就必然要求求职者了解岗位的实际情况，了解招聘者对该工作岗位的具体要求。而这些信息的获取，要求大学生必须开放自我、走向社会，只有知己知彼，才能百战不殆，切断与社会的联系，所谓的自我实现就是盲目的。

大学生的在校学习必须包含专业基础理论学习和社会实践两个方面；否则，学习就不完整，就缺乏目标性和方向感。不要等到毕业时才发现自己能够在求职简历上描述的自己与社会实际要求不相吻合。

所以说，写作求职简历，绝不单纯是一个文本写作的问题，它是一件需要我们妥善处理的事务。因此，应当按照事务处理的方式认识它、分析它。只有真的做到心中有数了，才能写好求职简历，也才能够把求职这件事处理好。

求职简历是向特定招聘者展示自我的手段，也是针对特定岗位做出的学习与实践总结，它以"我是谁""我为什么要成为这样""我如何成为这样"为基础，因此，学写求职简历，不应当把写作作为唯一的目标。通过对如何写求职简历的学习，应该认识到理想的我与现实的我存在何种差距，并尽量想办法弥补这些差距。从这一角度而言，求职简历不是写出来的，而是做出来的，"写"只是"做"的总结，写作方法的指导价值仅在于告诉我们如何更好地总结自己做过什么，并有针对性地展示给招聘者看。

（二）自我规划与自我实现

大学生成才要有明确的目的性，技能和素质的培养与锻炼要有社会针对性。只要学习和实践有了针对性，求职简历和求职信的写作就有了针对性，写作才有了坚实的基础。这也就是大学生自我规划、自我实现的成才过程。应当在在校学习期间有针对性地完成我们的求职准备。也就是提高学习的社会符合度，针对社会要求完成合适的学习实践履历，这需要通过以下两个环节予以实现。

（1）了解专业对口工作岗位的职责及其对人员素质的基本要求。

（2）有针对性地完成自己的个人学习与实践计划，并通过自己的努力加以实现。

对于大学生来说，求职简历绝不是在求职时才去总结的，而是在大学期间实现了的一份有针对性的学习与实践计划书。因此要求大学生有自我计划能力和计划的执行能力，说到底就是要具备自我实现能力。

对所学专业的行业工作岗位要有一个持续性的了解，关注社会、关注行业动态、关注专业岗位在实际社会生活中面临的挑战和变化。在信息社会，这一点不难实现。一方面是通过媒体的信息收集予以掌握；另一方面是通过实践，在观察、体验和分析中予以掌握。相应地，学习与实践计划也需要在自我成长中不断完善和调整，使其更加符合社会实际要求和自我成长的要求。

二、招聘人员如何审查简历

当我们在为一个职位准备好了一切后，写一份有效的求职简历把自己推销出去，谋求到自己想要的职位就非常重要了。有人说："你的生活就在一张 A4 纸上。"这句话可以有三个层面的理解：第一，你想要别人通过简历了解你的话，你就应该将你所有对于谋求某一职位相关的信息都写在这张 A4 纸上；第二，如果你的这份简历有效果，为你谋求到了理想的工作，可能会就此改变你的生活；第三，你的简历不宜过长，因为我们知道招聘者阅读一份简历的时间是以秒计算的，8~60 秒不等，因此一张 A4 纸完全可以承载相关信息。

求职简历是"招聘——求职"双向关系中的重要媒介，因此这份文书的写作决不能是求职者的单方表述行为，而应当是针对特定对象的表述与交流行为。如果不了解人力资源管理人员看简历的具体要求，就不可能写出符合实际需要的简历。

招聘人员在审查简历时，通常最先关注的是应聘者与该职位的吻合度。所学专业、工作经历、年龄、性别等基本情况是否与所聘岗位相契合。接下来，招聘者会看求职者的自我介绍，当然招聘者希望看到的是有个性的、具有实质意义的自我介绍。那些不痛不痒、放之四海皆可的自我介绍肯定是要被减分的。再接下来，招聘者关注的是应聘者的过往工作经历及取得的成绩。通过这些信息招聘者既可以进一步判断求职者是否适合所聘岗位，同时也可以大致判断求职者未来会有什么样的发展。最后，招聘者会看一下求职者的特长、爱好之类的描述。若求职者有一些兴趣、爱好取得了非凡的成绩，肯定是可以加分的。

三、简历写作与投递的基本原则

1. 传达出职业精神

在写作简历的过程中，要始终记得自己是在一个商业环境中推销自己，要充分传递职业精神。即使你是一名刚毕业的的应届生，也要通过你的简历让招聘人员感到你对未来职业生涯有了充分准备。

2. 切忌用一份简历进行"海投"

每一位求职者都对工作有着强烈的渴望，同时又希望自己能够在一定范围内有所选择。所以，有些时候求职者会采用广撒网的方式来寻找工作。撰写一份自认为比较满意的求职简历，看到相关的招聘就投递过去。殊不知，这样的行为等到的往往是一无所获。因为，没有针对性的简历是无效的。一份合格的求职简历应该是"求职意向"清晰明确，所有内容都应针对你的应聘职位，无关内容一定不要出现。

3. 充分表达自己的独特之处

前面已经提到每份简历被阅读的时间不会超过一分钟，甚至于不超过十秒。因此，在简历中一定要有关键部分吸引阅读者。可以通过这些方法得以实现：第一，写好关键词。要把最能体现你与所求职位具有贴合度的部分用关键词展现在简历中，让阅读者一下子就可以看得到，生成最初的良好印象，可以继续阅读下去；第二，多用数字说话。数字在文字中更有凸显性，更容易吸引阅读者的眼球。同时，数字是更精准的表达，使用数字可以让阅读者判断你具有思路清晰、判断准确、做事果断等性格特点；第三，多用动词，少做因果分析。用一页纸描述自己的相关经历与能力，不需要分析，只要清晰描述做过什么即可；第四，多用结果说话，多做总结性发言。比如：获得了什么奖学金，工作中取得了什么业绩，等等。

4. 裁剪出高度的相关度

一份成功的简历一定要充分阐释"我为什么谋求这个职位"和"为什么你们可以选择我"这两个问题。招聘者在阅读简历时脑子里始终闪现着职位的相关信息，并且会在每一份简历中寻找他所需要的各种信息。所以，简历的内容与所求职位的相关度越高，应聘成功的可能性就越大。

5. 避免过分谦虚，学会扬长避短

每个人的精力有限，很难做到方方面面都优秀。而求职简历是推销自己的文书，千万不要在简历中陈述自己的不足。相反，要学会扬长避短，要充分表达自己的优势，用过往经历证明自己是能够胜任工作的合适人选。例如，应届毕业生缺少工作经验，就要在简历中强调自己的学习能力，用事实证明自己是勤奋上进的。并且不要用文字表决心，说什么"如果有工作机会一定努力学习"之类不痛不痒的话语。

6. 避免出现隐私信息

在简历的写作和打印过程中，要尽量避免隐私信息的暴露（尤其是投放到外企的简历）。这些隐私信息包括性别、生日、出生地，等等，当然若招聘单位有相关信息的询问要求，可以出现。在打印时，要避免使用带有毕业学校或过往公司标识和文字的纸张，要选择白色或奶白色纸张打印。如果招聘单位没有要求贴照片，那么就可以选择不贴照片。

四、求职简历的写作技巧

针对大学生来说，求职简历的内容绝不是在求职时写出来的，而是在校学习期间做出来的。大学生在校期间一定要树立较为明确的个人发展目标，并在学习与实践中有目的地完善自我。须知，再好的写作技巧也无法解决内容空洞的问题。

有了可写的内容，又了解了招聘人员评价简历的标准，我们就能把简历的写作放在表述与交流的关系体系中予以妥善处理了。

（一）写作的基本要求

基于招聘行为存在成本的事实，招聘单位总是希望在付出最小成本的情况下寻找最佳人才，因此不可能对每一份简历都详加研读。一份简历如果不能让人力资源管理人员从成堆的简历中挑选出来，问题绝不在于人力资源管理人员的阅读不够细心，而在于这份简历无法在最短的时间内吸引和打动他们。这就要求求职简历必须做到简洁、直接、重点突出。只有简洁、直接，才能重点突出，也才能实现清晰的内部逻辑性，才能在第一时间抓住招聘者，而不会被数量庞大的同类简历所淹没。但简洁并不是简单，过于简单的简历会造成信息不足，给人以内容空洞的印象，从而导致招聘者无法对求职者做出基本的判断，以致大大增加了无法获得面试机会的风险。

如果求职者有非常鲜明的个人成就和专业技术特长，简历的写作不妨可以更加个性化一些，完全不必按照一般模式处理。毕竟投递简历的行为就是一个推销行为，推销方式要根据所推销的"产品"而定。但如果求职者并不具备如此鲜明的个人成就和专业技术特长，个性化就必须适度，而且要和所应聘的岗位特征相吻合。有些岗位必须避免个性化，而有些岗位缺乏个性就很难打动招聘者，这要根据实际情况灵活处理，原则是必须给招聘者想要的，而不是给求职者想给的。

值得一提的是，任何简历写作模板都只是仅供参考，现实生活中一定要根据实际情况灵活处理，任何一种写作方式，只要能实现自我推销的效果，就是可行的。

另外，除了文章式简历以外，还可以采用表格式。表格式简历的版块设置也以能实现自我推销的目的为标准，灵活处理。

（二）一般行文逻辑结构

1. 个人基本情况

对自我身份的解释，也就是向招聘单位介绍自己的基本信息。主要包括：姓名（若是应聘外企，可以写上英文名）、联系方式（手机号码、E－mail 地址）、通信方式等个人基本情况介绍。

2. 求职意向

求职意向的书写要尽可能具体，一定要针对所应聘的公司和职位。因此，"一份简历打天下"是绝对行不通的。对于个人优势不太明显的求职者，也可以把求职意向适度地放宽，以便获得面试机会。

3. 教育背景

针对应届毕业生来说，应该把教育背景放在最醒目的地方。而针对有工作经验的求职者，则可以根据公司招聘的要求及求职者的情况来调整教育背景在简历中的位置。若公司更看重求职者的工作经历与实际能力，而且求职者确实经验丰富，则可将教育背景往后放，写作比重也可适当减轻。

4. 工作经历

简历中的"工作经历"应该包括：工作经历、社会活动、实习经历及兼职经历，等等。通过这些方面的描述，对招聘者的岗位要求及工作素质要求做出回应，也就是向招聘者有重点、有针对性地描述自己具有何种素质和能力（潜台词是我符合所求岗位的条件要求）。这一部分的写作必须放在表述与交流的原则下妥善处理，一定要通过换位思考，明确对方在阅读过程中可能会出现的阅读效果，并以此指导自己的写作，通过技术性的处理实现这种效果。

这一部分的写作必须要注意过犹不及的问题。比如很多人喜欢大量罗列实践项目，以为实践项目越多就越能体现实践能力。其实不然，垃圾越多，重点就越会被淹没。而且还会让人觉得该求职者在基本理论学习上的时间无法得到保证，甚至有可能令人得出此人心浮气躁、缺乏目标、不重视学习基本专业理论知识，缺乏发展后劲的负面结论。

5. 奖励情况

如果在过往的学习、工作经历中，获得过与所求职位相关的奖励，则可以单独列出这一项。这么做，符合前面"用结果说话"的原则。具有一目了然的效果，用简短的话语强调特殊的经历与能力。但若奖项分量不够，或者与所求职位要求相去甚远，则可以省略这一项。

6. 相关资质证书获得情况

现代社会对求职者的基本素质要求比较高，普遍需要求职者具备相应的软件办公能力、外语能力，等等。为了让招聘者了解自己的情况，可以单独设立这一栏目。若求职者已获得相关专业的职业证书则应写在最前面，以凸显自己的专业能力。

7. 其他个人信息

这一部分一般包括个人兴趣、爱好、自我评价，等等。但有一个原则要把握，就是无论哪一条陈述都要与所求职位相关。

对自我认识的总结，也就是我对自己的客观评价是什么。这种评价一定要凸显自己的优点，但必须避免空谈和过度的自夸，否则会给人以虚浮和不知天高地厚的印象。能正确认识自己是一种高素质的体现，招聘单位对这一部分的考察不仅要看求职者有什么优点，而且更重要的是考察求职者的人品和为人处世的风格。

五、求职简历的自我评估

求职简历写好之后，应当做自我评估，也就是换位思考。自我评估要回答以下问题。

（1）招聘者希望招聘什么样的人从事这个岗位的工作？我的求职目标是否与其一致？

（2）我在招聘企业对该岗位工作人员的素质和条件要求上是否具有较高的针对性和符合度？这种针对性和符合度是否恰如其分地体现在简历之中？

（3）简历的行文逻辑是否清晰？能否引导用人单位对我做出我所预想的评价？

（4）简历写作的语言风格是否适当？是否过于啰唆或过于简单？有无用词及用句方面的错误或瑕疵？行文布局是否简洁美观？是否在这些细节方面展现出了写作者较高的基本文化素质？

（5）自我评价是否能被自我描述的内容所印证？从自我评价的表述方式和表述内容中能否看出我是一个什么样的人？招聘单位会对这样一个人产生好感还是反感？

如果写好的简历能够在以上评估中给出正面结论，那么就说明简历是适用的，可以对外投放了。

六、求职简历的打印与投放

需要再次说明的是，不要使用同一份简历投放不同的职位，简历本质上是针对职位要求做出的有目的性的推销广告，对所有职位都适用的简历其实意味着对任何职位都不适用。

简历的投放有多种途径。最为常见的是邮寄、发送电子邮件、当面递交三种形式，当然也可以将多种形式结合起来一起处理。这里对打印、邮寄、发送电子邮件时需要注意的事项做一简要说明。

（1）如果简历需要打印，那么请尽量使用 80g 左右的白色或奶白色纸张，并避免使用彩色打印。一般情况下，不要用复印的简历进行投递，打印时也尽量避免使用喷墨打印。

（2）在邮寄打印件时，务必要将简历作为求职信的附件使用，没有求职信的简历反映出求职者缺乏必要的礼节和求职针对性。邮寄时信封最好要大一些，尽量不要把简历折叠起来装进信封，以保持文件的整洁和美观。极为重要的支撑材料可以作为附件装订，但并不是材料越多越好，大多数支撑材料在面试时携带即可。很多人喜欢把简历搞成厚厚的一叠，其实没有太大意义。

（3）使用电子邮件发送简历时，一定要把简历放在正文中，这是因为绝大多数招聘者都不愿意打开附件浏览。电子邮件的主题栏一定要能清楚地反映求职者的姓名和求职意向，以便于收件人归类管理和筛选。再就是，如果能把简历投递到你所应聘岗位的直接负责人手中，那么可能会比仅仅投送到人力资源部效果要更好一些。

附：简历和求职信写作技巧测评（题目来源于 HiAll 对 IBM、BCG、P&G、SONY 等多家世界五百强公司的 HR、内部人士以及最新成功应聘者的访问精华总结。）选自《HiALL 求职快车——简历篇》。

关于求职简历

1. 你是否针对公司的特点对你的简历进行了"量身定制"？

　　A 是　　　　　　　　　B 否

2. 你是否认识到自己的优势和劣势？

　　A 是　　　　　　　　　B 否

3. 你是否对你的背景进行了扬长避短？

    A 是   B 否

4. 你是否知道如何规避自己的硬伤？

    A 是   B 否

5. 你是否写了你的求职目标和应聘岗位？

    A 是   B 否

6. 你是否了解你的目标公司？你是否了解你的目标职位？

    A 是   B 否

7. 你是否在工作经历中提及你的工作职责、工作结果，以及你从中学到的技能？

    A 是   B 否

8. 你是否有意识地根据对方需要进行了调查，使用了能够打动人心的"关键词"？

    A 是   B 否

9. 你是否在简历中写了你离开原来职位的原因？

    A 是   B 否

10. 你是否知道通过"获奖情况"来表现自己的优秀？

    A 是   B 否

11. 你的简历中是否出现了"简历"二字？

    A 是   B 否

12. 你的简历是否超过了一页 A4 纸？

    A 是   B 否

13. 你的简历是否有你的照片？

    A 是   B 否

14. 你是否清楚什么叫"征婚式简历"或"寻人启事式简历"？

    A 是   B 否

15. 你的简历是否出现你毕业院校的"校徽"或"校名"？

    A 是   B 否

16. 你的简历中是否出现了"我""我的"等第一人称？

    A 是   B 否

17. 你是否使用80g以上的白色 A4 纸？

    A 是   B 否

18. 你的中文、英文字体是否统一、规范？

A 是   B 否

19. 你是否认为中、英文简历二者的作用一样？

A 是   B 否

20. 你是否已经找到三个以上的人来阅读你的简历并挑错？

A 是   B 否

关于求职信

1. 你是否针对公司的态度对你的求职信进行了"量身定做"？

A 是   B 否

2. 你是否知道什么叫求职信、跟进信和感谢信？

A 是   B 否

3. 你是否在信中称呼对方为"尊敬的先生/小姐/女士/人力资源经理"？

A 是   B 否

4. 你是否在求职信中分析对方需要应聘者具备哪些素质？

A 是   B 否

5. 你是否在求职信中不仅告诉对方你的"获得"，而且还说明了你能够带来的"贡献"？

A 是   B 否

6. 你的求职信是否是你的简历的简单重复？

A 是   B 否

7. 你的求职信是否出现了"求职信"一词？

A 是   B 否

8. 你的求职信是否超过一页 A4 纸？

A 是   B 否

9. 你是否注意了中、英文信件不一样的书写规范，并遵守之？

A 是   B 否

10. 你是否注意选择用词以使得其符合基本的商业礼节？

A 是   B 否

本 章 测 试

一、判断题

1. 求职信要按照实际情况全面介绍自己。 （ ）

2. 求职信的受文对象一定要全面，不可有所遗漏。 （ ）

3. 求职信的写作要简洁，直奔主题，不需要过多铺垫。 （ ）

4. 求职信需根据写作者的实际情况，全面详尽地进行自我描述，不必过多在意信件的长短。 （ ）

5. 求职者在写作求职简历时，无需写多份，可以"一份打遍天下"。 （ ）

6. 求职简历的写作内容要有针对性，最好能贴合招聘单位的岗位需求与企业文化。 （ ）

7. 在自我评价部分，要尽量少说空话，要实实在在地评价自我，要做到真实、客观。 （ ）

8. 求职简历的投递有多种途径，应根据需要进行选择。 （ ）

二、简答题

1. 请简述求职信写作中常见的问题。

2. 请简述求职信的写作注意事项。

3. 一份好的求职简历应该达到哪些方面的要求？

4. 求职简历的投递方式包括哪些？投递者该如何选择？

三、阅读下面的求职信，并回答问题。

求 职 信

尊敬的领导：

您好！感谢您能从百忙之中抽出时间阅读我的自荐材料。

我是××大学图书情报学院科技情报专业××级研究生，师从博士生导师××教授，研究方向是信息管理与知识产权。我将于×××年×月毕业。

读研期间，我刻苦钻研、勤勉求学，系统地学习了信息管理方面的专业知识，在国家级和省级专业期刊上发表论文9篇；在本科扎实的计算机系统知识基础之上，我加强了数据库及网络方面的知识积累及应用能力的培养，因而具备较强的计算机应用能力与编程能力；英语方面，除具备一定的听说读写能力

外，我还能熟练阅读专业外文资料及撰写英文论文。因表现突出，我连续两年被评为××大学"优秀研究生"。

我出身于教师家庭，从小父母的熏陶让我对教师充满了崇拜和向往；工作一年的从教经验让我初步领略到作为教师的责任感和荣誉感。读研后我又进行了大量的教学实习，担任过大中专学生的专业课及计算机课程的教学工作。坦率地说，我喜欢教学，并且我认为自己适合教学。多次的教学实践，老师和同学们对我的评价是"吐字清楚，板书漂亮"。我是个踏实肯干的人，极强的责任心驱使我尽可能地将工作完成得尽善尽美。因此，我相信：在今后的工作中，我会始终不渝地致力于本职工作，只要您给我这个机会。

为了不干扰您的日常工作，也为了让您对我有个初步了解，我首先向您寄来这份简历。未尽事宜可面谈或来函来电联系。热切企盼您的回音！

祝

工作顺心！

自荐人：××

××××年×月×日

1. 请指出这封求职信的优点所在。

2. 这封求职信在内容表述上不明确的地方包括哪些？

3. 这封求职信有哪些格式上的错误？

四、写作实践

某合资企业招聘行政秘书一职，请根据你的实际情况分别写一份求职信和一份求职简历。

第十五章　学术论文写作

■ 学习重点

掌握学术论文的写作能力
了解学术论文的基本写作知识
熟悉学术论文的写作方法

■ 学习难点

能够真正掌握学术论文的写作流程，从选题开始，可以掌控每一步的工作，顺利地完成学术论文的写作

第一节　学术论文的概念与特征

一、学术论文的概念

学术论文是用系统的、专门的知识来讨论或研究某种问题或研究成果的学理性文章。具有学术性、科学性、创造性和学理性。对于从事专业学习与研究的人来说，学会撰写学术论文是相当重要的。学术论文是科学研究的记录和总结，是与同事、同行交流研究成果、传递信息的重要工具。因此，学习掌握学术论文写作的要求与方法非常重要。

学术论文的种类很多，按照不同的分类标准可以有不同的划分结果。

（1）按研究的学科进行分类，可将学术论文分为自然科学论文和社会科学论文。同时，这两大类又可按各自的门类继续分下去。如社会科学论文，又可细分为文学、历史、哲学、教育、政治等学科论文。

（2）按研究的内容进行分类，可将学术论文分为理论研究论文和应用研究论文。理论研究，重在对各学科的基本概念和基本原理的研究；应用研究，侧重于如何将各学科的知识转化为专业技术和生产技术，直接服务于社会。

（3）按写作目的进行分类，可将学术论文分为交流性论文和考核性论文。交流性论文，目的只在于专业工作者进行学术探讨，发表各家之言，以显示各门学科发展的新态势；考核性论文，目的在于检验学术水平，作为有关专业人员升迁晋级的重要依据。

大学生在读期间一定会被要求或主动写作多种学术论文。可以包括课业论文、学年论文、毕业论文、学位论文等，尤其是毕业论文或学位论文。

毕业论文是大学应届毕业生的毕业作业。毕业论文的要求，应该在学年论文的基础上更进一步。它能总结大学生在校期间的学习成果，培养他们具有综合运用所学知识解决实际问题的能力，使他们受到科学研究规范的基本训练。毕业论文的写作，要在有经验的教师指导下进行。

学位论文是学位申请者为申请学位而提交的学术论文。如申请硕士学位，则应提交硕士学位论文；如申请博士学位，则应提交博士学位论文。本科大学生的毕业论文，就是申请学士学位的论文。

二、学术论文的特征

（一）独创性

学术论文必须具备独创性，这是由学术论文的性质决定的。学术论文是对科学研究成果的书面总结，科学的本质是创造，科学研究的生命是独创性，承袭与重复别人的观点称不上学术研究。鲁迅先生在 20 世纪 30 年代初期，曾给日本的一位评论家增田涉先生写过一副对联："搔痒不着赞何益，入木三分骂亦精。"这是清代的著名画家郑板桥所拟的一副对子，鲁迅先生借它表示了对于学术论著的一种希望，即肯定（赞）也好，批评（骂）也好，都要有真知灼见，要"入木三分"，而不要"搔痒不着"。在进行科学研究的时候，只有不断地突破前人研究的水平，才能使科学文化有所进步。作为反映科学研究成果的学术论文，也必须有自己新颖独到的见解。

学术论文独创性的表现，主要是观点的新颖与深刻，但也并不局限于此。在撰写学术论文的时候，如果能从一个新的角度，用新的方法、新的材料来论证问题，也属于独创性的范畴。

（二）理论性

学术论文的表现形态是概念、判断组成的推理体系，它具有较浓的理论色彩与理论深度。学术论文在说明观点的时候，有时也要用一些事实作为论据，但这时事实已失去了立体的形象性与生动性，它或者浓缩为简单的事件叙述，或者转化为一连串的数据与表格、图表。

作者在撰写学术论文的时候，虽不排斥形象思维，但主要是用逻辑思维来构思的。作者将感性材料（感觉、知觉、表象）进行抽象和概括而形成概念，运用概念进行判断和推理，使认识由个别到一般，由现象到本质，由偶然到必然，由感性到理性，即获得关于客观事物的本质、内在联系和规律性的认识，使认识升华到一定的理论高度。

（三）专业性

科学有许多门类，分为许多学科。学科与学科之间，虽然有着千丝万缕的联系（当前还出现了许多边缘学科），但每门学科还是有着相对的独立性的。每一篇学位论文，是对某一学科研究成果的表达，都带有专业性。因此，不同专业的学位论文，它们的内容不同，其写法也有区别（如社会科学论文与自然科学论文的结构安排就不一样）。学科的专业性决定了学位论文的读者面总是比较狭窄的，它不像政论、短评那样，具有众多的读者。但是，如果把学位论文写得深入浅出，文笔优美，提高可读性，那也会扩大读者面，突破只有搞本专业的人才会去阅读的限制。

第二节　学术论文的选题

一、选题的重要性

撰写学术论文最重要的工作，就是要确定选题。有人说："选择好一个研究题目，论文就成功了一半。"这是有一定道理的。题目如果选得不好，写作起来就会无从下手，作者驾驭不了；所选课题没有多少意义，既使论文写得再好，对社会也没有多少价值。所以，题目选得好不好，可以说是学术论文写作成败的关键。

二、选题的原则

（一）所选的论题应来自研究，是研究之后的必然结果

学术论文的选题，要与作者平时的研究项目结合起来，要选自己平素有研究积累的题目。比如，某个中文系的学生对苏轼很有研究，平时积累了这方面的很多资料，对苏轼研究中的某些问题已形成了一些自己的见解，那么，他的学士学位论文可以写关于苏轼研究方面的题目。

在确定学术论文选题的时候，要反对抢"热门"，赶"浪头"，自己对这个问题根本毫无研究，却因为看到社会上都在议论某一个问题，便也去凑凑热闹，一窝蜂地去抢写那个选题。这样来写学术论文，是注定要失败的。

（二）要选择自己有浓厚研究兴趣的题目

兴趣是研究的动力，对某个问题有强烈的研究欲望，能促使研究者去广泛地收集材料，并对此做深入的思考。因此，有浓厚的研究兴趣，是选择论题的一个前提。如果对这个题目自己都毫无兴趣，却硬要去研究，即使勉强写出论文来，也不可能是高质量的论文。

（三）要选择社会需要的、有学术价值的论题

学术研究要为社会服务，为现代化建设服务，因此在选择学术论文题目的时候，首先要考虑那些关系到国计民生的重大问题，以及该学科发展中的关键问题。例如，小城镇规划与建设问题，对于发展农村商品经济关系极大，研究我国历史上尤其是明、清时期小城镇的情况，在今天很有现实意义，因此，像《明清时期江南市镇的发展》这样的选题，是很有研究价值的。

一篇学术论文，如果在前人研究的基础上，提出了自己的创见，或填补了学科建设上的某个空白，那么这篇论文就是有学术价值的。要学会在前人的重大研究成果的基础上，力争有所发现，有所前进。

（四）选择论题的大小要恰当，难易要适度

在选择学术论文题目的时候，要根据自己的研究能力与掌握材料的多少来选择恰当的题目。题目不能太大太难，像《论巴尔扎克的小说创作》《红楼梦研究》这样的题目，对于一名大学应届毕业生来说，恐怕还驾驭不了，不如把题目定得小一点，改为论巴尔扎克的某一部小说，或对《红楼梦》中的某一个问题的研究，这样容易谈得深入，论文也会写得好些。但是，学术论文的题目也不宜定得太小，像谈某某小说中的一个细节、谈某某小说的结尾、谈某某诗中一个字的用法等这类题目，似乎都太小，不像一篇学术论文，而更像一篇文艺随笔或短论。

第三节　学术论文的写作过程

一、收集材料

收集材料是学术论文写作的第一步工作。因为要撰写一篇学位论文，最不可缺少的是材料。

学术论文的观点，是从大量的材料中归纳、总结出来的。学术论文的作者，如果不掌握材料，就好像"巧妇难为无米之炊"，不管有多高的写作技巧，也写不出优秀的论文。

一篇学术论文，观点和材料是两个基本要素。仅有材料的堆砌而没有观点的统率，是根本不能成为论文的；但如果仅有观点而没有材料作为根据，那么这样的论文也是没有说服力的。所以，搜集材料是撰写论文准备阶段不可缺少的一环。

搜集材料的渠道很多，可以从有关书籍中去查找，或者从互联网上、杂志上去搜集，或者从报纸上去剪取，或者到书报广告中去寻觅，也可以利用书目、索引、字典、辞典、手册、年鉴、年表等工具书。

搜集材料的具体方法，大家普遍采用的有两种：写读书笔记与做卡片。

写读书笔记可以帮助我们提高读书的效率，巩固记忆，俗话说的"好记性不如烂笔头"就是这个意思。读书勤做笔记，有利于积累有用的材料，提高文字表达能力，训练思维的逻辑性和条理性，提高分析问题和解决问题的能力。

（一）读书笔记一般有四种方式

（1）批注式。就是在读书的时候，在认为重要的地方打上圈点，画上线条，或在书页周围的空白处写上眉批、旁注。眉批、旁注的内容，可以是解释书本中的字句，也可以是简单的心得、体会、评语、疑问等。

（2）摘录式。就是一字不差地摘录下书中的重要段落或格言警句。摘录的内容，可以根据自己的需要，可多可少。摘录要注明准确的出处，以便日后核对或引用。

（3）提要式。就是用自己的话，写下读物内容的提纲。写提纲的时候，一定要吃透原文，深刻理解原文的基本内容，准确把握原文的精神实质，不能随意发挥，更不能歪曲。提纲最好分行排列，每条提纲前标上序号。

（4）心得式。就是在读完一本书或一篇文章以后，把自己的心得体会写下来，实际上就是写一篇读后感。这种形式的读书笔记，可以提高理解、分析能力，消化书本的内容，并能练习写作，提高文字表达能力。

（二）做卡片的方式

卡片被人称为"研究领域的雷达"，是读书时积累资料的一种灵活简便的方式，被撰写学术论文的人所普遍运用。卡片的种类很多，主要有：

（1）索引卡片。就是把一篇文章的题目、作者姓名、出处抄在卡片上，以便日后翻检。

（2）摘录卡片。就是把书中或文章中某一段或某几段话抄在卡片上，并且注明出处，以便日后引用。

（3）提要卡片。就是用自己的语言，把读过的一本书或一篇文章的要点归纳出来，写在卡片上。做卡片要及时、持久、经常，不要做做停停。另外，要一事一卡，不要把不同性质的几条资料记在一张卡片上。

以上两种方法是比较传统的做法，其优点是清晰，便于记录与使用，有很强的系统性。当今社会正处于信息时代，计算机网络已被人们广泛使用，通过网络搜集与储存材料，是一种快捷而有效的办法，已被大家普遍采用。但使用计算机处理资料时，有两点要特别注意，一是要具有甄别能力，能够判断所获信息的真伪；二是要记得做好备份，免得计算机出现问题而造成巨大损失。

二、分析综合

材料搜集齐全以后，要对材料进行由此及彼、由表及里、去伪存真、去粗取精的研究、分析与提炼，用抽象思维进行概括，逐步形成明确的观点，也就是学术论文的论点。

在进行分析综合的时候，需要做多方面的思考，主要有：

（1）纵向思考。纵向思考就是对材料作历史的分析，探本溯源。从问题的提出到形成一定的结论，有一定的层次与环节，要一层一层地追索下去，最终必能弄个水落石出。

（2）横向思考。横向思考是对所论对象及与之相近、相似事物的思考。

譬如，要撰写一篇评论沈从文作品的学术论文，就要将沈从文的作品展开并与他同时期的一些作家的作品进行比较，从比较中发现他的作品独特的风格特色。在写比较文学论文的时候，横向思考用得更多，如对田汉与易卜生的比较、冰心与泰戈尔的比较、鲁迅与果戈理的比较、张天翼与契诃夫的比较，等等，都需要做横向的思考。

（3）多向思考。多向思考是一种从不同角度去思考问题的方法。这种思考是要对材料从多角度、多方位去进行分析研究，从而形成崭新的观点。开阔思考范围，有利于写作者打开脑洞，有所突破。

确立论点，是学术论文写作中的重要一环。学术论文的论点，是作者对大量的材料进行分析、比较、研究后提炼出来的，是作者独立思考的产物，论点一经形成，对整篇学术论文就有统率作用。学术论文中的材料如何取舍，论证方法如何选择，结构层次如何安排，语言如何运用，都要服从于表现论点的需要。

三、拟出提纲

在搜集材料、比较分析之后，逐步形成了论点，决定了写到论文中去的能够说明观点的材料。这时候，就需要拟定提纲。提纲是论文的基本骨架，有了提纲，可以帮助明确论文的层次和重点，执笔写作时就会有条不紊，体现出较强的逻辑性。

学术论文的提纲模式，主要有：

Ⅰ 项目提纲

题目

基本论点

内容纲要

一、大项目（一个层次论点）

（一）中项目（一个段落的大意）

① 小项目（段中的一个个材料）

Ⅱ 结构提纲

（一）题目论题的范畴或中心论点（包括副标题）

（二）绪论（论题的提出）

（三）本论（论证的展开）

分论点一：主要论据、论证方法

分论点二：主要论据、论证方法

分论点三：主要论据、论证方法

……

（四）结论（论证的结果）

（五）参考书目

四、执笔成文

提纲拟好以后，下一步的工作就是执笔成文了。执笔成文的过程，就是用语言来表达作者观点的过程。因此，语言该怎么运用，就显得非常重要。

学术论文的语言，首先要求是准确、严谨。要用最贴切、最恰当的词汇表达作者的写作意图，正确反映自己的观点；其次，语言要求通顺畅达，句子要合乎语法规范；最后，论文的语言应力求简练与生动，如果通篇都是冗长枯燥的叙述，必然会影响表达的效果，使读者兴味索然。

在执笔成文的时候，还会碰到一个引用资料的问题。由于论述的需要，撰写学术论文时经常要引用一些资料。引用资料要少而恰当，并且要正确理解原文的意义，不能断章取义，甚至凭自己主观的需要做任意的曲解。

引文要仔细地核对原文，做到正确无误。引用的方式，有段中引文与换行引文两种。段中引文一般都较短，夹在作者自己叙述的话中引用。对于所引的话，要加上引号。如果作者对引文在文字上做了变动，引的是原意，那么在引文前加上冒号就可以了。换行引文一般都较长，引的时候要另起一行，嵌在文中，比较醒目。

引文的出处，可以紧接在引文之后注明，也可以在文章之后加尾注。如果引文较多，尾注时要标明序码。

五、修改润色

修改润色是撰写学术论文的最后一个环节。一篇优秀的论文，往往不是一次就能写成的，而要经过反复多次的修改润色，才能日趋完善。

学术论文修改的范围，主要有观点的订正、材料的增删、结构的调整、语言的修饰几个方面。

观点的订正，目的是让观点更正确，更能反映材料的实际。避免观点的片面性，更要杜绝谬误。

材料的增删，可使论据更加有力，结构更加匀称，语言更加精练。

结构的调整，可使论文的脉络更加清晰，论证的逻辑性更加严密。

语言的修饰，能更精确地表达文意，也可使语言更鲜明、生动和简练。

第四节　学术论文的写作方法

一、论证方法

学术论文的论证方法，有立论、驳论两种。立论也叫证明，驳论也叫反驳。

（一）立论的方法

1. 例证法

例证法是选择具体典型的例子来证明某一观点的方法，这是论文中最常用的一种论证方法。值得注意的是，所选取的例子一定要有典型性，有足够的说服力。在运用事实进行论证时，所列举的事实可以有两种形式，即概括总体性事实和列举个别事实。概括总体性事实的说服力在于事实所体现的普遍性，它是对事实的总体或全局的全面性统计或概括。采用例举个别事例的论证方式，不要求全面周到，只需列举几个事例即可。例举事例要求有一定的典型性，同时也要考虑到经济原则，尽可能不要同类重复。

2. 引证法

引证法是引用别人的论点和论据，以证明自己的论点的方法。引用的材料，包括经典作家的言论，普通老百姓的经验、俗语，以及公理、定理、定律、格言、结论、寓言、事例等。

引证法分直接引用与间接引用两种。直接引用，指直接引某书、某人的原文作为论据。间接引用指摘引大意，并不引用原文。直接引用要仔细核对原文，不能断章取义，肢解原意；间接引用不能歪曲作者的本意，强加自己的观点。

3. 归纳法

归纳法是通过一些个别的事例，归纳它们的共同属性，综合它们的共同本质，得出一个带普遍性的论点。

运用归纳法时要注意两点：一是所举的事例要完全真实可靠，如果在众多的事例中有一个不真实，那么势必会影响结论的正确性。由此，别人就能轻而易举地用反驳论据的方法把你的结论驳倒；二是所举事例要有共同的特点，只有它们具有共同属性，才能自然而然地归纳出结论。

4. 演绎法

演绎法是引用一些经典著作的原话，或者是用公认的众所周知的科学原理与道理推断出一个新论点的论证方法。它同归纳法正好相反，是从一般到个别的方法，是根据已知的一般道理推断出新的结论。例如，一篇研究古典文学的论文这样写到：

现实主义的一个重要特征，就是它的真实性。白居易的诗真实地反映了唐代贞元至宝历年间的现实生活，反映了人民的疾苦和呼声，因此他的诗是现实主义的作品。

这段引文中的第一句话，是一个大前提；第二句话，是一个小前提；第三句话，是根据大前提推断小前提炼出来的一个新的结论。

5. 对比法

对比法是用正反、前后两种事物（或道理）进行对比，通过对比来证明论点的方法。

运用对比论证要注意两个问题：第一，比较的双方要具备可比性；第二，要建立合理的参照系。要进行比较，就必须具有合理的共同参照系；假如没有共同的参照系，两者就无法进行比较。所谓参照系指的是用来衡量和确定双方优劣长短的标准，这样的标准必须具有客观性，否则比较的结论就不一定可靠。

6. 类比法

类比法是把两种相近或相似的事物放在一起进行比较，从而得出与之相关的结论的方法。进行类比的两个事物的属性，要尽可能全面，尽可能是本质属性，这样得出的结论才能令人信服。

运用类比论证需注意以下三点：（1）要使用同类对象进行类比。对风马牛不相及的两者进行类比，没有任何说服力；（2）避免单独运用类比论证单一方式进行论证。最好是与其他的论证方式结合使用，使之起到一种补充和丰富的作用；（3）要注意结论的可靠程度。除非个别很有把握的情况，否则结论一般只是一种可能性。在表述上要把握住分寸，不可绝对化。

7. 反证法

反证法是由证明反论题之假，来确定原论题之真的方法。这种方法往往和逻辑上的排中律结合使用。

8. 比喻法

比喻法是运用通俗易懂的事物、典故作比喻，通过比较，对论点进行论证的方法。

运用比喻论证要注意三个问题：一是用来作为喻体的事物，应当是为大家所熟悉的、具体的、浅显的。这样，才能既通俗又生动地说明另一个事物；二是比喻应当贴切、自然，要能恰到好处地说明被论证事物的特点；三是因为比喻的双方缺乏本质上的内在联系，所以任何比喻都是有缺陷的。要完整、深刻地论述一个问题，不能仅靠几个比喻，应把它和例证法、分析法等结合起来使用。

（二）驳论的方法

1. 反驳论点

反驳论点，就是指出对方论点的荒谬与错误，使对方的论点不能成立。

归谬法也是反驳对方论点的一种方法。归谬法也叫引申法，它是首先承认对方的观点是"正确的"，然后按其逻辑进行引申和推论，最后暴露出对方观点的荒谬和错误，从而驳倒对方。例如，在讨论文艺的普及与提高的关系时，有一种论点，认为文艺作品越是高级，读懂它的人就越少。有人写了一篇论文，反驳这种论点："有人说：'作品越高，知音越少'。如果真是这样，那么，世界上谁也读不懂的作品，就是最伟大的杰作了。"这样一引申以后，对方论点的荒谬就非常清楚，其论点不攻自破。

2. 反驳论据

反驳论据，就是指出对方的论据是虚假的、站不住脚的；或是指出对方的论据不够充分，强调对方的论据不能够有力地证明其论点。

3. 反驳论证

反驳论证，主要是指出对方论证方法的错误，也就是要指出用对方的论据不能推出对方的论点。这样，也可以驳倒对方，并得到相应的正确的论点了。

二、结构格式

目前，在杂志上发表的学术论文和在高等学校里师生撰写的学术论文，一般都用如下的通用论文格式：题目、作者、摘要、关键词、绪论、本论、结论、参考文献。下面对此格式的各部分做几点说明。

1. 标题

通用论文格式的标题，使用黑体，位于首页居中位置。标题的书写可设正副标题，一般不超过40个字为宜。

2. 作者

通用论文格式的作者,署名于标题下方居中。作者工作单位有的标在姓名之前,有的标在文尾。若有指导老师也应在这里标注清楚。

3. 摘要

摘要内容包括研究目的、方法、结果、结论等,要求短、精、完整,字数一般不超过二百字为宜。摘要应以第三人称书写,写成报道性文摘。合格的摘要可以让阅读者获得全文的主要信息,是对论文的内容不加注释和评论的简短陈述,可以引用、推广。

4. 关键词

关键词是从论文的题名、提要和正文中选取出来的,是对表述论文的中心内容有实质意义的词汇。关键词是用作计算机系统标引论文内容特征的词语,便于信息系统汇集,以供读者检索。每篇论文一般选取 3 - 8 个词汇作为关键词,另起一行,排在"摘要"的左下方。

关键词之间用分号隔开,结尾处不使用标点符号。

5. 正文

正文包括绪论、本论、结论三大部分。

绪论位于论文首段,或用几段表达。"绪论"二字通常不在文中出现。

绪论的主要任务是提出问题。一般包括:

(1)开宗明义,提出中心论点;

(2)阐释论题各概念、定义;

(3)说明研究背景,从而衬托所论问题的必要性和重要性;

(4)说明研究的缘由,交代写作动机和写作目的;

(5)论证研究课题的价值和意义;

(6)摆出敌论,为驳论树"靶子"。

绪论可以只写以上的一个或一些内容。绪论要写的言简意赅,禁绝空话、套话、废话,防止离题千里。

本论是全文的重要部分,是全文的主体,需要用较多的层次段落表达。"本论"二字通常不在文中出现。格式可以有不同种类:

(1)全文分段浑然成篇

(2)用小标题显示层次

(3)用空行显示层次

(4)通常用一、(一)、1、(1)四级序码标示层次段落的编排结论是全文的结束，这部分的内容可以是总论点的归纳；中心论点的再次强调；也可以说明还有待研究的问题；也可以对某文、某人致谢，等等。这部分可以是一段，也可以是几段，还可以分条列项书写。"结论"二字有时也在文中出现。

6. 注释

注释是对引文出处的交代说明。注释方式主要有以下三种。

（1）夹注，也称为段中注或文中注。即在需要注释的地方，接着就在小括号内写明注释的内容。

（2）脚注，也称页下注。即在需要注释的地方用（1）（2）（3）或［1］［2］［3］等标示注码，然后把注释的内容置于本页下端。

（3）尾注。即在需要注释处的后面标示注码，然后把注释置于全文的末尾。

7. 参考文献

参考文献是将论文在研究和写作中可参考或引证的主要文献资料，列于论文的末尾。参考文献应另起一页，著录方式按《GB 7714—87 文后参考文献著录规则》进行。

本 章 测 试

一、名词解释

1. 学术论文

2. 例证法

3. 归纳法

4. 引证法

5. 演绎法

6. 对比法

7. 类比法

8. 反证法

9. 比喻法

二、简答题

1. 请简要说明学术论文的特征。

2. 请说明学术论文选题时应把握哪几项原则？

3. 读书笔记的写作方式有哪几种?

4. 论证方法可以分为哪几大类? 分别包括哪些内容?

5. 学术论文的结构格式一般包括哪几部分?

三、写作实践

请根据你本学期课程的学习情况,自拟题目,完成学期论文一份。要求严格按照学术论文的写作要求来写。

附录一 党政机关公文处理工作条例

第一章 总 则

第一条 为了适应中国共产党机关和国家行政机关（以下简称党政机关）工作需要，推进党政机关公文处理工作科学化、制度化、规范化，制定本条例。

第二条 本条例适用于各级党政机关公文处理工作。

第三条 党政机关公文是党政机关实施领导、履行职能、处理公务的具有特定效力和规范体式的文书，是传达贯彻党和国家的方针政策，公布法规和规章，指导、布置和商洽工作，请示和答复问题，报告、通报和交流情况等的重要工具。

第四条 公文处理工作是指公文拟制、办理、管理等一系列相互关联、衔接有序的工作。

第五条 公文处理工作应当坚持实事求是、准确规范、精简高效、安全保密的原则。

第六条 各级党政机关应当高度重视公文处理工作，加强组织领导，强化队伍建设，设立文秘部门或者由专人负责公文处理工作。

第七条 各级党政机关办公厅（室）主管本机关的公文处理工作，并对下级机关的公文处理工作进行业务指导和督促检查。

第二章 公文种类

第八条 公文种类主要有：

（一）决议。适用于会议讨论通过的重大决策事项。

（二）决定。适用于对重要事项作出决策和部署、奖惩有关单位和人员、变更或者撤销下级机关不适当的决定事项。

（三）命令（令）。适用于公布行政法规和规章、宣布施行重大强制性措施、批准授予和晋升衔级、嘉奖有关单位和人员。

（四）公报。适用于公布重要决定或者重大事项。

（五）公告。适用于向国内外宣布重要事项或者法定事项。

（六）通告。适用于在一定范围内公布应当遵守或者周知的事项。

（七）意见。适用于对重要问题提出见解和处理办法。

（八）通知。适用于发布、传达要求下级机关执行和有关单位周知或者执行的事项，批转、转发公文。

（九）通报。适用于表彰先进、批评错误、传达重要精神和告知重要情况。

（十）报告。适用于向上级机关汇报工作、反映情况，回复上级机关的询问。

（十一）请示。适用于向上级机关请求指示、批准。

（十二）批复。适用于答复下级机关请示事项。

（十三）议案。适用于各级人民政府按照法律程序向同级人民代表大会或者人民代表大会常务委员会提请审议事项。

（十四）函。适用于不相隶属机关之间商洽工作、询问和答复问题、请求批准和答复审批事项。

（十五）纪要。适用于记载会议主要情况和议定事项。

第三章　公文格式

第九条　公文一般由份号、密级和保密期限、紧急程度、发文机关标志、发文字号、签发人、标题、主送机关、正文、附件说明、发文机关署名、成文日期、印章、附注、附件、抄送机关、印发机关和印发日期、页码等组成。

（一）份号。公文印制份数的顺序号。涉密公文应当标注份号。

（二）密级和保密期限。公文的秘密等级和保密的期限。涉密公文应当根据涉密程度分别标注"绝密""机密""秘密"和保密期限。

（三）紧急程度。公文送达和办理的时限要求。根据紧急程度，紧急公文应当分别标注"特急""加急"，电报应当分别标注"特提""特急""加急""平急"。

（四）发文机关标志。由发文机关全称或者规范化简称加"文件"二字组成，也可以使用发文机关全称或者规范化简称。联合行文时，发文机关标志可以并用联合发文机关名称，也可以单独用主办机关名称。

（五）发文字号。由发文机关代字、年份、发文顺序号组成。联合行文时，使用主办机关的发文字号。

（六）签发人。上行文应当标注签发人姓名。

（七）标题。由发文机关名称、事由和文种组成。

（八）主送机关。公文的主要受理机关，应当使用机关全称、规范化简称或者同类型机关统称。

（九）正文。公文的主体，用来表述公文的内容。

（十）附件说明。公文附件的顺序号和名称。

（十一）发文机关署名。署发文机关全称或者规范化简称。

（十二）成文日期。署会议通过或者发文机关负责人签发的日期。联合行文时，署最后签发机关负责人签发的日期。

（十三）印章。公文中有发文机关署名的，应当加盖发文机关印章，并与署名机关相符。有特定发文机关标志的普发性公文和电报可以不加盖印章。

（十四）附注。公文印发传达范围等需要说明的事项。

（十五）附件。公文正文的说明、补充或者参考资料。

（十六）抄送机关。除主送机关外需要执行或者知晓公文内容的其他机关，应当使用机关全称、规范化简称或者同类型机关统称。

（十七）印发机关和印发日期。公文的送印机关和送印日期。

（十八）页码。公文页数顺序号。

第十条 公文的版式按照《党政机关公文格式》国家标准执行。

第十一条 公文使用的汉字、数字、外文字符、计量单位和标点符号等，按照有关国家标准和规定执行。民族自治地方的公文，可以并用汉字和当地通用的少数民族文字。

第十二条 公文用纸幅面采用国际标准 A4 型。特殊形式的公文用纸幅面，根据实际需要确定。

第四章　行文规则

第十三条 行文应当确有必要，讲求实效，注重针对性和可操作性。

第十四条 行文关系根据隶属关系和职权范围确定。一般不得越级行文，特殊情况需要越级行文的，应当同时抄送被越过的机关。

第十五条 向上级机关行文，应当遵循以下规则。

（一）原则上主送一个上级机关，根据需要同时抄送相关上级机关和同级机关，不抄送下级机关。

（二）党委、政府的部门向上级主管部门请示、报告重大事项，应当经本级党委、政府同意或者授权；属于部门职权范围内的事项应当直接报送上级主管部门。

（三）下级机关的请示事项，如需以本机关名义向上级机关请示，应当提出倾向性意见后上报，不得原文转报上级机关。

（四）请示应当一文一事。不得在报告等非请示性公文中夹带请示事项。

（五）除上级机关负责人直接交办事项外，不得以本机关名义向上级机关负责人报送公文，不得以本机关负责人名义向上级机关报送公文。

（六）受双重领导的机关向一个上级机关行文，必要时抄送另一个上级机关。

第十六条 向下级机关行文，应当遵循以下规则。

（一）主送受理机关，根据需要抄送相关机关。重要行文应当同时抄送发文机关的直接上级机关。

（二）党委、政府的办公厅（室）根据本级党委、政府授权，可以向下级党委、政府行文，其他部门和单位不得向下级党委、政府发布指令性公文或者在公文中向下级党委、政府提出指令性要求。需经政府审批的具体事项，经政府同意后可以由政府职能部门行文，文中须注明已经政府同意。

（三）党委、政府的部门在各自职权范围内可以向下级党委、政府的相关部门行文。

（四）涉及多个部门职权范围内的事务，部门之间未协商一致的，不得向下行文；擅自行文的，上级机关应当责令其纠正或者撤销。

（五）上级机关向受双重领导的下级机关行文，必要时抄送该下级机关的另一个上级机关。

第十七条 同级党政机关、党政机关与其他同级机关必要时可以联合行文。属于党委、政府各自职权范围内的工作，不得联合行文。

党委、政府的部门依据职权可以相互行文。

部门内设机构除办公厅（室）外不得对外正式行文。

第五章 公文拟制

第十八条 公文拟制包括公文的起草、审核、签发等程序。

第十九条 公文起草应当做到：

（一）符合党的理论、路线、方针、政策和国家法律法规，完整准确体现发文机关意图，并同现行有关公文相衔接。

（二）一切从实际出发，分析问题实事求是，所提政策措施和办法切实可行。

（三）内容简洁，主题突出，观点鲜明，结构严谨，表述准确，文字精练。

（四）文种正确，格式规范。

（五）深入调查研究，充分进行论证，广泛听取意见。

（六）公文涉及其他地区或者部门职权范围内的事项，起草单位必须征求相关地区或者部门意见，力求达成一致。

（七）机关负责人应当主持、指导重要公文起草工作。

第二十条 公文文稿签发前，应当由发文机关办公厅（室）进行审核。审核的重点是：

（一）行文理由是否充分，行文依据是否准确。

（二）内容是否符合党的理论、路线、方针、政策和国家法律法规；是否完整准确体现发文机关意图；是否同现行有关公文相衔接；所提政策措施和办法是否切实可行。

（三）涉及有关地区或者部门职权范围内的事项是否经过充分协商并达成一致意见。

（四）文种是否正确，格式是否规范；人名、地名、时间、数字、段落顺序、引文等是否准确；文字、数字、计量单位和标点符号等用法是否规范。

（五）其他内容是否符合公文起草的有关要求。

需要发文机关审议的重要公文文稿，审议前由发文机关办公厅（室）进行初核。

第二十一条 经审核不宜发文的公文文稿，应当退回起草单位并说明理由；符合发文条件但内容需作进一步研究和修改的，由起草单位修改后重新报送。

第二十二条　公文应当经本机关负责人审批签发。重要公文和上行文由机关主要负责人签发。党委、政府的办公厅（室）根据党委、政府授权制发的公文，由受权机关主要负责人签发或者按照有关规定签发。签发人签发公文，应当签署意见、姓名和完整日期；圈阅或者签名的，视为同意。联合发文由所有联署机关的负责人会签。

第六章　公文办理

第二十三条　公文办理包括收文办理、发文办理和整理归档。

第二十四条　收文办理主要程序是：

（一）签收。对收到的公文应当逐件清点，核对无误后签字或者盖章，并注明签收时间。

（二）登记。对公文的主要信息和办理情况应当详细记载。

（三）初审。对收到的公文应当进行初审。初审的重点是：是否应当由本机关办理，是否符合行文规则，文种、格式是否符合要求，涉及其他地区或者部门职权范围内的事项是否已经协商、会签，是否符合公文起草的其他要求。经初审不符合规定的公文，应当及时退回来文单位并说明理由。

（四）承办。阅知性公文应当根据公文内容、要求和工作需要确定范围后分送。批办性公文应当提出拟办意见报本机关负责人批示或者转有关部门办理；需要两个以上部门办理的，应当明确主办部门。紧急公文应当明确办理时限。承办部门对交办的公文应当及时办理，有明确办理时限要求的应当在规定时限内办理完毕。

（五）传阅。根据领导批示和工作需要将公文及时送传阅对象阅知或者批示。办理公文传阅应当随时掌握公文去向，不得漏传、误传、延误。

（六）催办。及时了解掌握公文的办理进展情况，督促承办部门按期办结。紧急公文或者重要公文应当由专人负责催办。

（七）答复。公文的办理结果应当及时答复来文单位，并根据需要告知相关单位。

第二十五条　发文办理主要程序是：

（一）复核。已经发文机关负责人签批的公文，印发前应当对公文的审批手续、内容、文种、格式等进行复核；需作实质性修改的，应当报原签批人复审。

（二）登记。对复核后的公文，应当确定发文字号、分送范围和印制份数并详细记载。

（三）印制。公文印制必须确保质量和时效。涉密公文应当在符合保密要求的场所印制。

（四）核发。公文印制完毕，应当对公文的文字、格式和印刷质量进行检查后分发。

第二十六条　涉密公文应当通过机要交通、邮政机要通信、城市机要文件交换站或者收发件机关机要收发人员进行传递，通过密码电报或者符合国家保密规定的计算机信息系统进行传输。

第二十七条　需要归档的公文及有关材料，应当根据有关档案法律法规以及机关档案管理规定，及时收集齐全、整理归档。两个以上机关联合办理的公文，原件由主办机关归档，相关机关保存复制件。机关负责人兼任其他机关职务的，在履行所兼职务过程中形成的公文，由其兼职机关归档。

第七章　公文管理

第二十八条　各级党政机关应当建立健全本机关公文管理制度，确保管理严格规范，充分发挥公文效用。

第二十九条　党政机关公文由文秘部门或者专人统一管理。设立党委（党组）的县级以上单位应当建立机要保密室和机要阅文室，并按照有关保密规定配备工作人员和必要的安全保密设施设备。

第三十条　公文确定密级前，应当按照拟定的密级先行采取保密措施。确定密级后，应当按照所定密级严格管理。绝密级公文应当由专人管理。

公文的密级需要变更或者解除的，由原确定密级的机关或者其上级机关决定。

第三十一条　公文的印发传达范围应当按照发文机关的要求执行；需要变更的，应当经发文机关批准。

涉密公文公开发布前应当履行解密程序。公开发布的时间、形式和渠道，由发文机关确定。

经批准公开发布的公文，同发文机关正式印发的公文具有同等效力。

第三十二条　复制、汇编机密级、秘密级公文，应当符合有关规定并经本机关负责人批准。绝密级公文一般不得复制、汇编，确有工作需要的，应当经发文机关或者其上级机关批准。复制、汇编的公文视同原件管理。

复制件应当加盖复制机关戳记。翻印件应当注明翻印的机关名称、日期。汇编本的密级按照编入公文的最高密级标注。

第三十三条 公文的撤销和废止,由发文机关、上级机关或者权力机关根据职权范围和有关法律法规决定。公文被撤销的,视为自始无效;公文被废止的,视为自废止之日起失效。

第三十四条 涉密公文应当按照发文机关的要求和有关规定进行清退或者销毁。

第三十五条 不具备归档和保存价值的公文,经批准后可以销毁。销毁涉密公文必须严格按照有关规定履行审批登记手续,确保不丢失、不漏销。个人不得私自销毁、留存涉密公文。

第三十六条 机关合并时,全部公文应当随之合并管理;机关撤销时,需要归档的公文经整理后按照有关规定移交档案管理部门。

工作人员离岗离职时,所在机关应当督促其将暂存、借用的公文按照有关规定移交、清退。

第三十七条 新设立的机关应当向本级党委、政府的办公厅(室)提出发文立户申请。经审查符合条件的,列为发文单位,机关合并或者撤销时,相应进行调整。

第八章　附　　则

第三十八条 党政机关公文含电子公文。电子公文处理工作的具体办法另行制定。

第三十九条 法规、规章方面的公文,依照有关规定处理。外事方面的公文,依照外事主管部门的有关规定处理。

第四十条 其他机关和单位的公文处理工作,可以参照本条例执行。

第四十一条 本条例由中共中央办公厅、国务院办公厅负责解释。

第四十二条 本条例自 2012 年 7 月 1 日起施行。1996 年 5 月 3 日中共中央办公厅发布的《中国共产党机关公文处理条例》和 2000 年 8 月 24 日国务院发布的《国家行政机关公文处理办法》停止执行。

附录二　党政机关公文格式

党政机关公文格式（GB/T 9704—2012）

1. 范围

本标准规定了党政机关公文通用的纸张要求、排版和印制装订要求、公文格式各要素的编排规则，并给出了公文的式样。

本标准适用于各级党政机关制发的公文。其他机关和单位的公文可以参照执行。

使用少数民族文字印制的公文，其用纸、幅面尺寸及版面、印制等要求按照本标准执行，其余可以参照本标准并按照有关规定执行。

2. 规范性引用文件

下列文件对于本标准的应用是必不可少的。凡是注日期的引用文件，仅所注日期的版本适用于本标准。凡是不注日期的引用文件，其最新版本（包括所有的修改单）适用于本标准。

GB/T 148　印刷、书写和绘图纸幅面尺寸

GB 3100　国际单位制及其应用

GB 3101　有关量、单位和符号的一般原则

GB 3102（所有部分）　量和单位

GB/T 15834　标点符号用法

GB/T 15835 出版物上数字用法

3. 术语和定义

下列术语和定义适用于本标准。

3.1　字　word

标示公文中横向距离的长度单位。在本标准中，一字指一个汉字宽度的距离。

3.2 行 line

标示公文中纵向距离的长度单位。在本标准中，一行指一个汉字的高度加三号汉字高度的 7/8 的距离。

4. 公文用纸主要技术指标

公文用纸一般使用纸张定量为 $60g/m^2 \sim 80g/m^2$ 的胶版印刷纸或复印纸。纸张白度 80% ～ 90%，横向耐折度 ≥ 15 次，不透明度 ≥ 85%，pH 值为 7.5 ～ 9.5。

5. 公文用纸幅面尺寸及版面要求

5.1 幅面尺寸

公文用纸采用 GB/T 148 中规定的 A4 型纸，其成品幅面尺寸为：210mm × 297mm。

5.2 版面

5.2.1 页边与版心尺寸

公文用纸天头（上白边）为 37mm ± 1mm，公文用纸订口（左白边）为 28mm ± 1mm，版心尺寸为 156mm × 225mm。

5.2.2 字体和字号

如无特殊说明，公文格式各要素一般用三号仿宋体字。特定情况可以做适当调整。

5.2.3 行数和字数

一般每面排 22 行，每行排 28 个字，并撑满版心。特定情况可以做适当调整。

5.2.4 文字的颜色

如无特殊说明，公文中文字的颜色均为黑色。

6. 印制装订要求

6.1 制版要求

版面干净无底灰，字迹清楚无断划，尺寸标准，版心不斜，误差不超过 1mm。

6.2 印刷要求

双面印刷；页码套正，两面误差不超过 2mm。黑色油墨应当达到色谱所标 BL100%，红油墨应当达到色谱所标 Y80%、M80%。印品着墨实、均匀；字面不花、不白、无断划。

6.3 装订要求

公文应当左侧装订，不掉页，两页页码之间误差不超过 4mm，裁切后的成品尺寸允许误差 ±2mm，四角成 90 度，无毛茬或缺损。

骑马订或平订的公文应当：

a）订位为两钉外订眼距版面上下边缘各 70mm 处，允许误差 ±4mm；

b）无坏钉、漏钉、重钉，钉脚平伏牢固；

c）骑马订钉锯均订在折缝线上，平订钉锯与书脊间的距离为 3mm～5mm。

包本装订公文的封皮（封面、书脊、封底）与书芯应吻合、包紧、包平、不脱落。

7. 公文格式各要素编排规则

7.1 公文格式各要素的划分

本标准将版心内的公文格式各要素划分为版头、主体、版记三部分。公文首页红色分隔线以上的部分称为版头；公文首页红色分隔线（不含）以下、公文末页首条分隔线（不含）以上的部分称为主体；公文末页首条分隔线以下、末条分隔线以上的部分称为版记。页码位于版心外。

7.2 版头

7.2.1 份号

如需标注份号，一般用 6 位 3 号阿拉伯数字，顶格编排在版心左上角第一行。

7.2.2 密级和保密期限

如需标注密级和保密期限，一般用三号黑体字，顶格编排在版心左上角第二行；保密期限中的数字用阿拉伯数字标注。

7.2.3 紧急程度

如需标注紧急程度，一般用三号黑体字，顶格编排在版心左上角；如需同时标注份号、密级和保密期限、紧急程度，按照份号、密级和保密期限、紧急程度的顺序自上而下分行排列。

7.2.4 发文机关标志

由发文机关全称或者规范化简称加"文件"二字组成，也可以使用发文机关全称或者规范化简称。

发文机关标志居中排布，上边缘至版心上边缘为 35mm，推荐使用小标宋体字，颜色为红色，以醒目、美观、庄重为原则。

联合行文时，如需同时标注联署发文机关名称，一般应当将主办机关名称排列在前；如有"文件"二字，应当置于发文机关名称右侧，以联署发文机关名称为准上下居中排布。

7.2.5　发文字号

编排在发文机关标志下空二行位置，居中排布。年份、发文顺序号用阿拉伯数字标注；年份应标全称，用六角括号"〔〕"括入；发文顺序号不加"第"字，不编虚位（即 1 不编为 01），在阿拉伯数字后加"号"字。

上行文的发文字号居左空一字编排，与最后一个签发人姓名处在同一行。

7.2.6　签发人

由"签发人"三字加全角冒号和签发人姓名组成，居右空一字，编排在发文机关标志下空二行位置。"签发人"三字用 3 号仿宋体字，签发人姓名用三号楷体字。

如有多个签发人，签发人姓名按照发文机关的排列顺序从左到右、自上而下依次均匀编排，一般每行排两个姓名，回行时与上一行第一个签发人姓名对齐。

7.2.7　版头中的分隔线

发文字号之下 4mm 处居中印一条与版心等宽的红色分隔线。

7.3　主体

7.3.1　标题

一般用二号小标宋体字，编排于红色分隔线下空二行位置，分一行或多行居中排布；回行时，要做到词意完整，排列对称，长短适宜，间距恰当，标题排列应当使用梯形或菱形。

7.3.2　主送机关

编排于标题下空一行位置，居左顶格，回行时仍顶格，最后一个机关名称后标全角冒号。如主送机关名称过多导致公文首页不能显示正文时，应当将主送机关名称移至版记，标注方法见 7.4.2。

7.3.3　正文

公文首页必须显示正文。一般用三号仿宋体字，编排于主送机关名称下一行，每个自然段左空二字，回行顶格。文中结构层次序数依次可以用"一、""（一）""1.""（1）"标注；一般第一层用黑体字、第二层用楷体字、第三层和第四层用仿宋体字标注。

7.3.4　附件说明

如有附件，在正文下空一行左空二字编排"附件"二字，后标全角冒号和附件名称。如有多个附件，使用阿拉伯数字标注附件顺序号（如"附件：1. XXXXX"）；附件名称后不加标点符号。附件名称较长需回行时，应当与上一行附件名称的首字对齐。

7.3.5 发文机关署名、成文日期和印章

7.3.5.1 加盖印章的公文

成文日期一般右空四字编排，印章用红色，不得出现空白印章。

单一机关行文时，一般在成文日期之上、以成文日期为准居中编排发文机关署名，印章端正、居中下压发文机关署名和成文日期，使发文机关署名和成文日期居印章中心偏下位置，印章顶端应当上距正文（或附件说明）一行之内。

联合行文时，一般将各发文机关署名按照发文机关顺序整齐排列在相应位置，并将印章一一对应、端正、居中下压发文机关署名，最后一个印章端正、居中下压发文机关署名和成文日期，印章之间排列整齐、互不相交或相切，每排印章两端不得超出版心，首排印章顶端应当上距正文（或附件说明）一行之内。

7.3.5.2 不加盖印章的公文

单一机关行文时，在正文（或附件说明）下空一行、右空二字编排发文机关署名，在发文机关署名下一行编排成文日期，首字比发文机关署名首字右移二字，如成文日期长于发文机关署名，应当使成文日期右空二字编排，并相应增加发文机关署名右空字数。

联合行文时，应当先编排主办机关署名，其余发文机关署名依次向下编排。

7.3.5.3 加盖签发人签名章的公文

单一机关制发的公文加盖签发人签名章时，在正文（或附件说明）下空二行右空四字加盖签发人签名章，签名章左空二字标注签发人职务，以签名章为准上下居中排布。在签发人签名章下空一行右空四字编排成文日期。

联合行文时，应当先编排主办机关签发人职务、签名章，其余机关签发人职务、签名章依次向下编排，与主办机关签发人职务、签名章上下对齐；每行只编排一个机关的签发人职务、签名章；签发人职务应当标注全称。

签名章一般用红色。

7.3.5.4 成文日期中的数字

用阿拉伯数字将年、月、日标全，年份应标全称，月、日不编虚位（即1

不编为01）。

7.3.5.5 特殊情况说明

当公文排版后所剩空白处不能容下印章或签发人签名章、成文日期时，可以采取调整行距、字距的措施解决。

7.3.6 附注

如有附注，居左空二字加圆括号编排在成文日期下一行。

7.3.7 附件

附件应当另面编排，并在版记之前，与公文正文一起装订。"附件"二字及附件顺序号用三号黑体字顶格编排在版心左上角第一行。附件标题居中编排在版心第三行。附件顺序号和附件标题应当与附件说明的表述一致。附件格式要求同正文。

如附件与正文不能一起装订，应当在附件左上角第一行顶格编排公文的发文字号并在其后标注"附件"二字及附件顺序号。

7.4 版记

7.4.1 版记中的分隔线

版记中的分隔线与版心等宽，首条分隔线和末条分隔线用粗线（推荐高度为0.35mm），中间的分隔线用细线（推荐高度为0.25mm）。首条分隔线位于版记中第一个要素之上，末条分隔线与公文最后一面的版心下边缘重合。

7.4.2 抄送机关

如有抄送机关，一般用四号仿宋体字，在印发机关和印发日期之上一行、左右各空一字编排。"抄送"二字后加全角冒号和抄送机关名称，回行时与冒号后的首字对齐，最后一个抄送机关名称后标句号。

如需把主送机关移至版记，除将"抄送"二字改为"主送"外，编排方法同抄送机关。既有主送机关又有抄送机关时，应当将主送机关置于抄送机关之上一行，之间不加分隔线。

7.4.3 印发机关和印发日期

印发机关和印发日期一般用四号仿宋体字，编排在末条分隔线之上，印发机关左空一字，印发日期右空一字，用阿拉伯数字将年、月、日标全，年份应标全称，月、日不编虚位（即1不编为01），后加"印发"二字。

版记中如有其他要素，应当将其与印发机关和印发日期用一条细分隔线隔开。

7.5　页码

一般用四号半角宋体阿拉伯数字,编排在公文版心下边缘之下,数字左右各放一条一字线;一字线上距版心下边缘7mm。单页码居右空一字,双页码居左空一字。公文的版记页前有空白页的,空白页和版记页均不编排页码。公文的附件与正文一起装订时,页码应当连续编排。

8. 公文中的横排表格

A4纸型的表格横排时,页码位置与公文其他页码保持一致,单页码表头在订口一边,双页码表头在切口一边。

9. 公文中计量单位、标点符号和数字的用法

公文中计量单位的用法应当符合GB 3100、GB 3101和GB 3102(所有部分),标点符号的用法应当符合GB/T 15834,数字用法应当符合GB/T 15835。

10. 公文的特定格式

10.1　信函格式

发文机关标志使用发文机关全称或者规范化简称,居中排布,上边缘至上页边为30mm,推荐使用红色小标宋体字。联合行文时,使用主办机关标志。

发文机关标志下4mm处印一条红色双线(上粗下细),距下页边20mm处印一条红色双线(上细下粗),线长均为170mm,居中排布。

如需标注份号、密级和保密期限、紧急程度,应当顶格居版心左边缘编排在第一条红色双线下,按照份号、密级和保密期限、紧急程度的顺序自上而下分行排列,第一个要素与该线的距离为三号汉字高度的7/8。

发文字号顶格居版心右边缘编排在第一条红色双线下,与该线的距离为三号汉字高度的7/8。

标题居中编排,与其上最后一个要素相距二行。

第二条红色双线上一行如有文字,与该线的距离为三号汉字高度的7/8。

首页不显示页码。

版记不加印发机关和印发日期、分隔线,位于公文最后一面版心内最下方。

10.2　命令(令)格式

发文机关标志由发文机关全称加"命令"或"令"字组成,居中排布,上边缘至版心上边缘为20mm,推荐使用红色小标宋体字。

发文机关标志下空二行居中编排令号,令号下空二行编排正文。

签发人职务、签名章和成文日期的编排见7.3.5.3。

10.3　纪要格式

纪要标志由"×××××纪要"组成，居中排布，上边缘至版心上边缘为35mm，推荐使用红色小标宋体字。

标注出席人员名单，一般用三号黑体字，在正文或附件说明下空一行、左空二字编排"出席"二字，后标全角冒号，冒号后用三号仿宋体字标注出席人单位、姓名，回行时与冒号后的首字对齐。

标注请假和列席人员名单，除依次另起一行并将"出席"二字改为"请假"或"列席"外，编排方法同出席人员名单。

纪要格式可以根据实际制定。

11. **式样**

A4型公文用纸页边及版心尺寸见图1；公文首页版式见图2；联合行文公文首页版式1见图3；联合行文公文首页版式2见图4；公文末页版式1见图5；公文末页版式2见图6；联合行文公文末页版式1见图7；联合行文公文末页版式2见图8；附件说明页版式见图9；带附件公文末页版式见图10；信函格式首页版式见图11；命令（令）格式首页版式见图12。

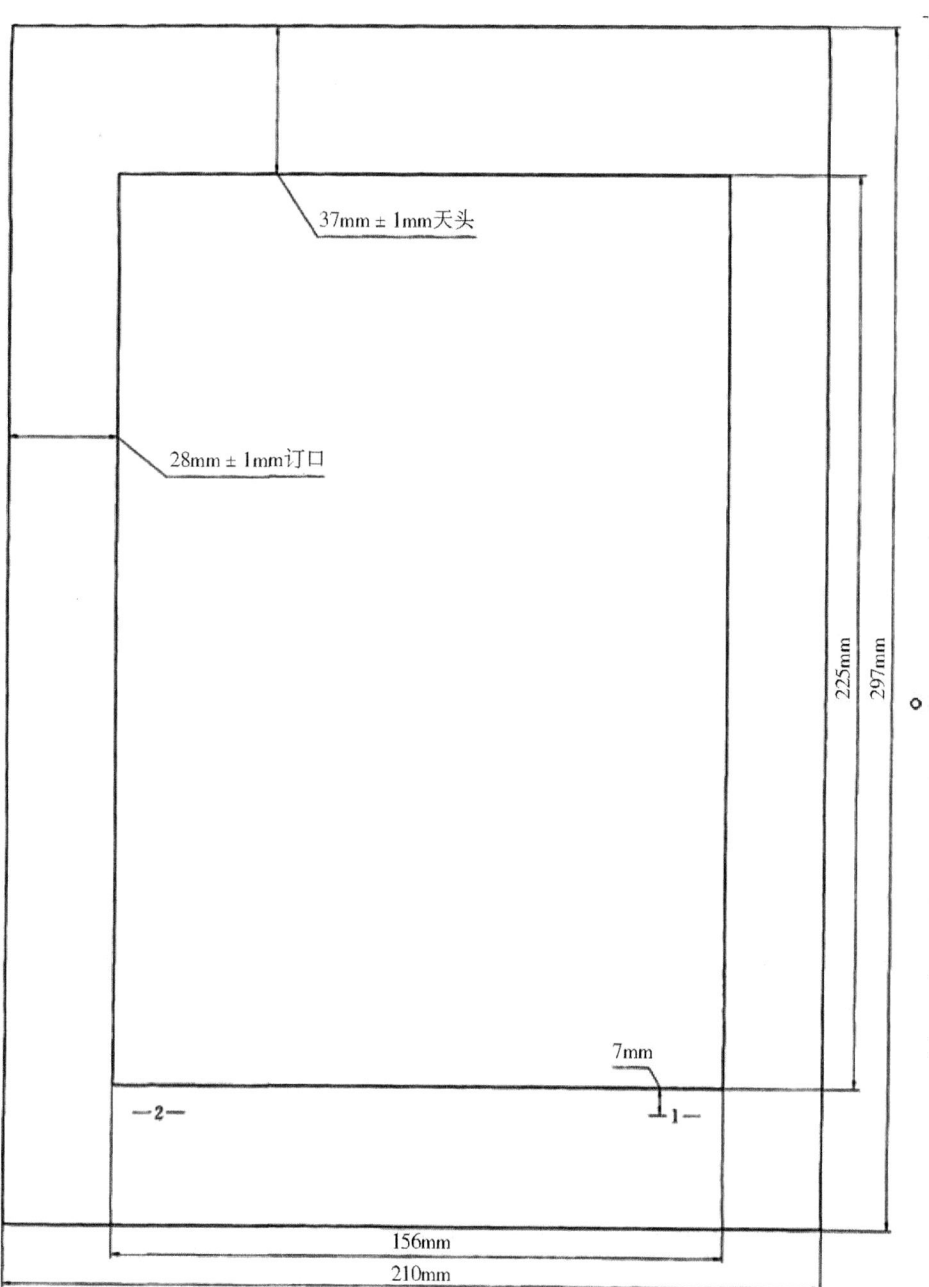

37mm±1mm天头

28mm±1mm订口

225mm

297mm

7mm

—2—　　　　　　　　　　　　　　　—1—

156mm

210mm

图 1　A4 型公文用纸页边及版心尺寸

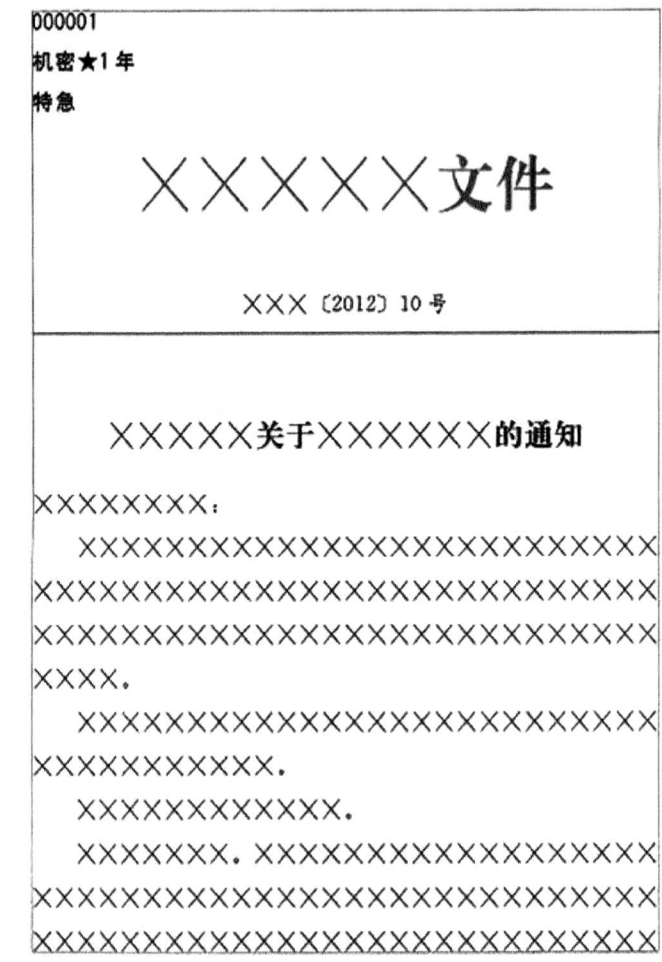

图2 公文首页版式

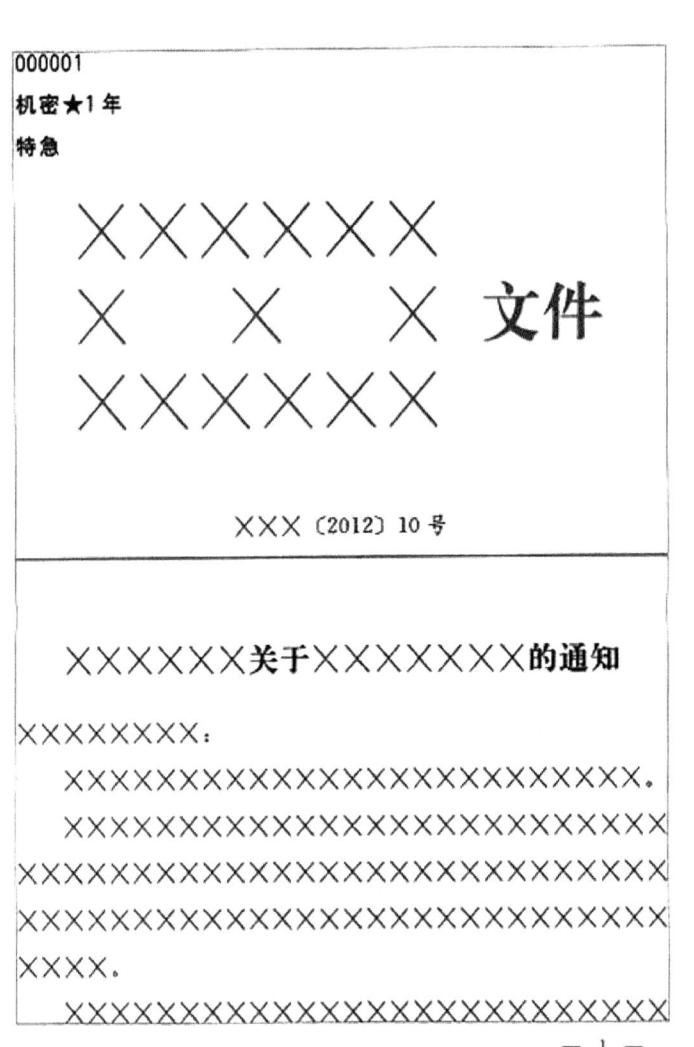

图3　联合行文公文首页版式1

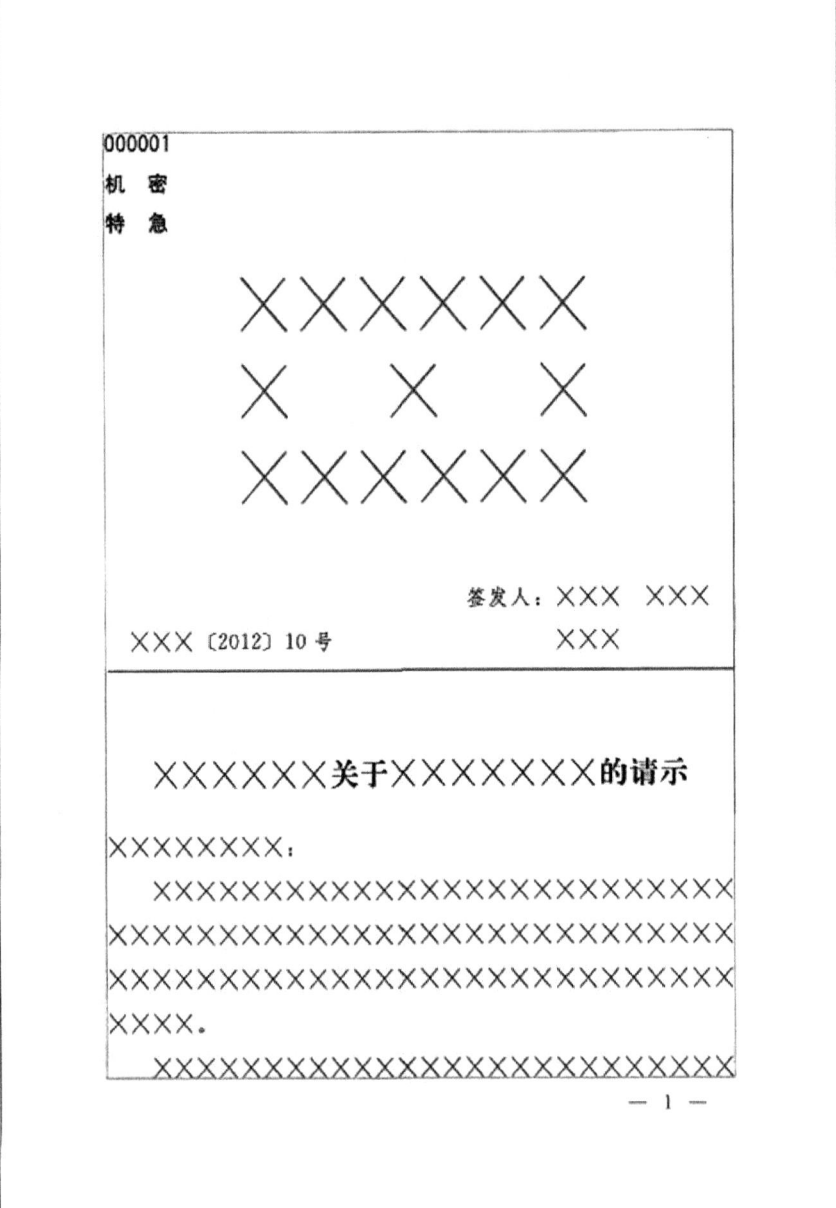

图4　联合行文公文首页版式2

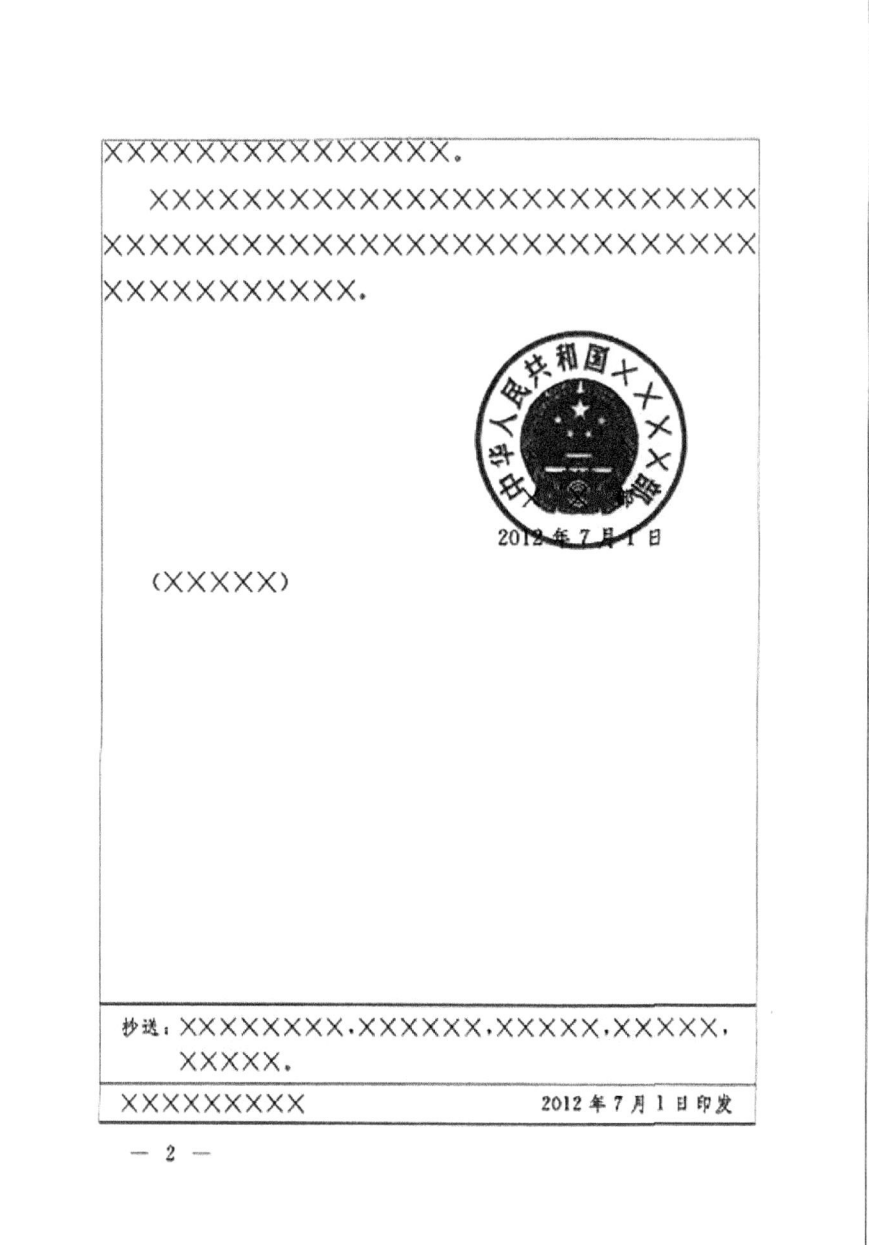

XXXXXXXXXXXXX。

　XXXXXXXXXXXXXXXXXXXX

XXXXXXXXXXXXXXXXXXXXX

XXXXXXXXXX。

　（XXXXX）

2012 年 7 月 1 日

抄送：XXXXXXX。XXXXXXX，XXXXX，XXXXX，
　　XXXXX。

XXXXXXXX　　　　　　2012 年 7 月 1 日印发

图5　公文末页版式1

XXXXXXXXXXXXXXXX.

　XXXXXXXXXXXXXXXXXXXX
XXXXXXXXXXXXXXXXXXXXXX
XXXXXXX.

　　　　　　　　XXXXXXXXXXX
　　　　　　　　2012 年 7 月 1 日

　（XXXXX）

抄送：XXXXXXXX，XXXXXX，XXXXX，XXXXX，
　XXXXX.

XXXXXXXXX　　　　　　　　2012 年 7 月 1 日印发

— 2 —

图 6　公文末页版式 2

×××××××××××××××××。
　　×××××××××××××××××××××××
×××××××××××××××××××××××××
××××××××××。

（×××××）

抄送：×××××××,×××××××,×××××,×××××,
　　　×××××。

×××××××× 　　　　　2012 年 7 月 1 日印发

图 7　联合行文公文末页版式 1

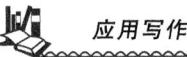

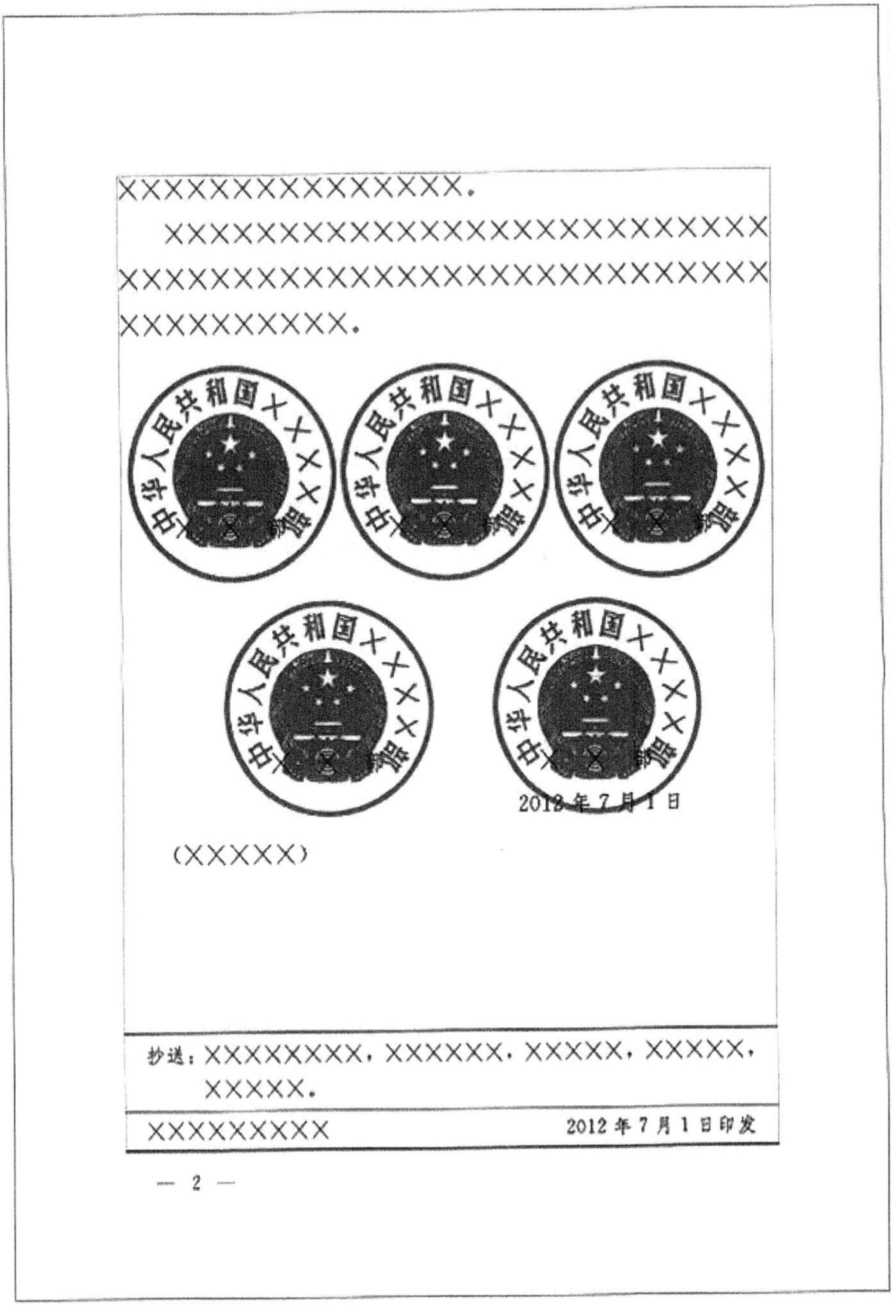

XXXXXXXXXXXXX。
　　XXXXXXXXXXXXXXXXXXXX
XXXXXXXXXXXXXXXXXXXXXXXXX
XXXXXXXXXX。

（中华人民共和国×××
中华人民共和国×××
中华人民共和国×××

中华人民共和国×××
中华人民共和国×××
2013 年 7 月 1 日

（XXXXX）

抄送：XXXXXXXX，XXXXXX，XXXXX，XXXXX，
　　　XXXXX。

XXXXXXXX　　　　　　　　2012 年 7 月 1 日印发

— 2 —

图 8　联合行文公文末页版式 2

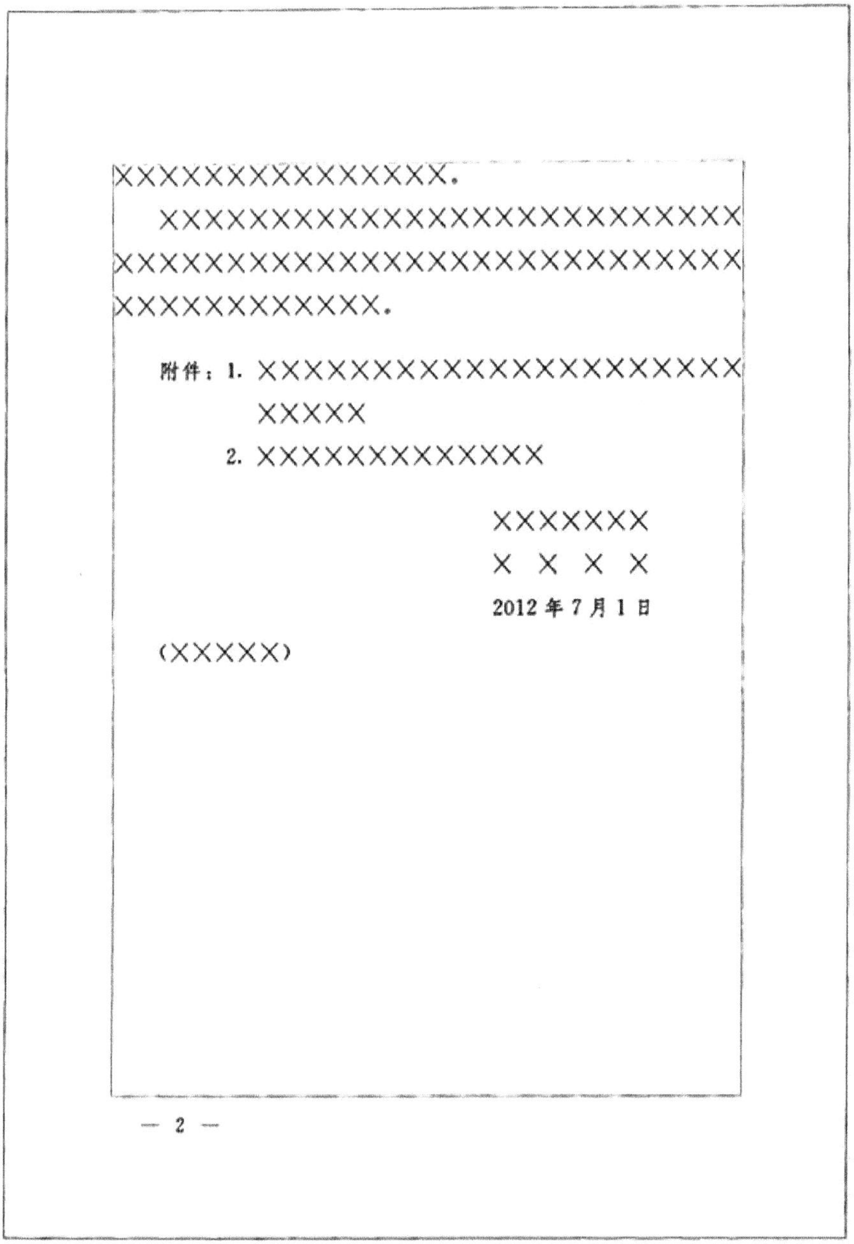

×××××××××××××××。
  ×××××××××××××××××××××××
×××××××××××××××××××××××
×××××××××××。

  附件：1. ××××××××××××××××××
       ××××
     2. ×××××××××××

                    ×××××××
                    × × × ×
                    2012 年 7 月 1 日
  （×××××）

图9　附件说明页版式

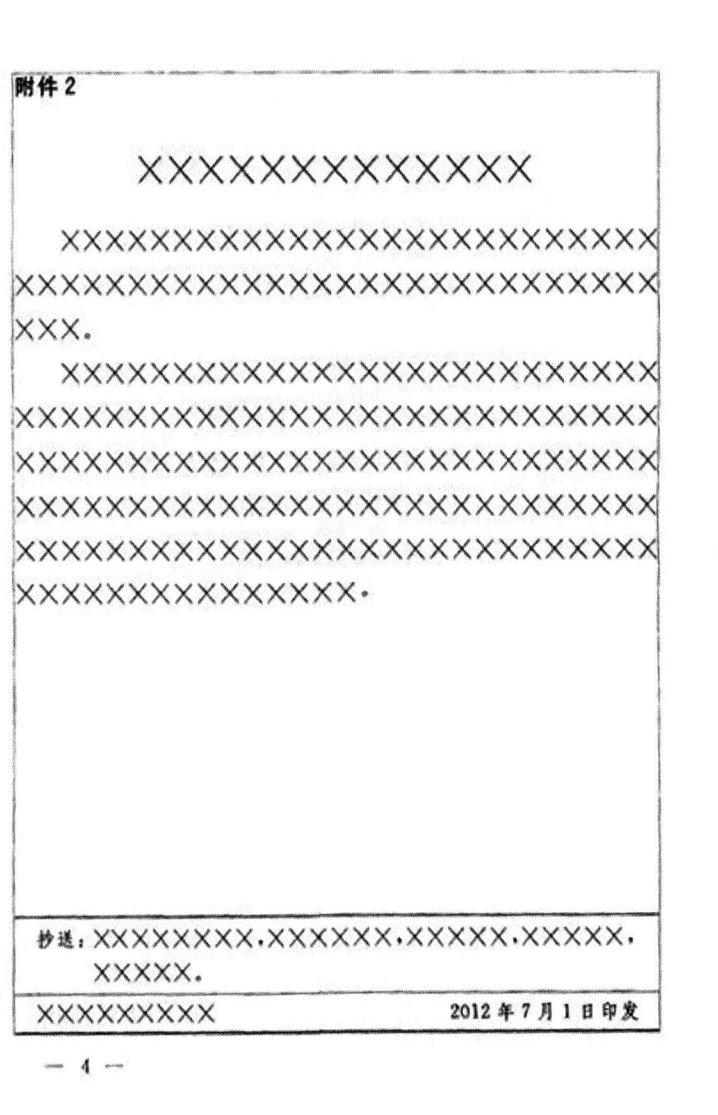

图10　带附件公文末页版式

中华人民共和国×××××部

000001   ×××〔2012〕10 号

机　密

特　急

×××××关于×××××××的通知

×××××××：

　　×××××××××××××××××××××××××
×××××××××××××××××××××××××××××
×××××××××××××××××××××××××××××
×××××××××××××××××××××××××。
　　×××××××××××××××××××××××××
×××××××××××××××××××××××××××××
×××××××××××××××××××××××××××××
×××××××××××××××××××××××。
　　×××××××××××××××××××××××××
×××××××××××××××××××××××××××××
×××××××××××××××××××××××××××××
×××××××××××××××××××××××××××××
×××××××××××××××××××××××××。

图 11　信函格式首页版式

×××××令

第×××号

×××.

部　长　×××

2012 年 7 月 1 日

— 1 —

图 12　命令（令）格式首页版式

附录三　公文常用词汇

1. 公文常用词汇列表

类别	作用	常用表达词汇
称谓用语	用于表示人称或对单位的称谓	第一人称：我、本人、我单位、本单位、敝公司、我们等第二人称：你、你局、贵公司、贵方等第三人称：他、该单位、该同志、该事项等
开端用语	用于文章开头，表示发语、引据	为、为了、为着、按、按照、关于、由于、鉴于、随着、据、根据、遵照、依照、兹、兹因、兹派等
收束用语	用于文末收束	此致敬礼、特此函告、特此函达、为盼、为荷、为宜、为妥、请批示、请批复、请审核、请批转、特此报告等
拟办用语	用于审批、拟办	拟、拟办、责成、试办、办理、执行等
经办用语	用于表明进程	经、业经、已经、兹经、现经、业已、查、经查、核准、呈报、悉、责成、责令、商洽、商榷等
递送用语	用于表示文、物递送方向	报、呈、送、发布、发、颁发、颁布、印发、下达等
批转用语	用于批转、转发	批转、转发
征询用语	用于征请、询问	当否、妥否、可否、能否等
谦敬用语	用于表示谦敬	承蒙、鼎力相助、不胜感激、承蒙惠允等
期请用语	用于表示期望请求	请、恳请、报请、特请、务请、即请、切盼、希、望、切望、希予、勿误等
引述用语	用于复文引据	悉、接、顷接、据、收悉等
强调用语	用于内容的强调	特、应、须、须即、严禁、一律、一概、切忌、责令等
综合用语	用于内容的总结	纵观、基于、为此、故此、总之、综上所述等

2. 公文常用易错字词辨析

（1）词·辞　　词：指代词汇或文体；辞：辞令、修辞的含义。

（2）急需·亟待　　急需：很着急地需要。亟待：急迫代办。两者区别在于：急需强调时间的紧迫性；亟待侧重强调意义重要性，含有问题的严重性达到极点的意思。

（3）记取·汲取　记取：记住的意思。汲取：吸取。两者区别在于：记取强调强记；汲取强调在加工、提高基础上的吸取。对自己或内部的经验教训多用记取，而对他人或外部的经验教训、营养等，多用汲取。

（4）记录·纪录　表示"保留下来"或"保留下来的材料"时，一般用"记录"而不用"纪录"。而表示"最高"或"最好"成绩时，一般用"纪录"而不用"记录"。

（5）检察·监察　检察：审查被检举的犯罪事实。监察：监督各级国家工作人员的工作并检举违法失职的机关或工作人员。两者的区别：方式不同：一个是审查，另一个是监督；对象不同：一个是被检举的犯罪事实，另一个是机关或工作人员的日常活动；主体不同，一个是司法机关，另一个是非司法机关。

（6）截止·截至　截止：到一定期限为止或停止。截至：结束的时间点。两者的区别在于：截止强调"止"，即在计时点上，所进行的事情已经完成或基本完结；截至强调的是结束的时间。

（7）决不·绝不　决不：下决心不（去做）。绝不：绝对不（可以）。两者的区别在于：决不是多用于表决心、表意愿；绝不多用于对别人的限制规定。

（8）权利·权力　权利：依法行使的权力和享受的利益。权力：政治上的强制力量或职责范围内的支配力量。两者的区别在于：权利指应享受的利益；权力指政治强制力和支配力，不一定包括利益。

（9）以至·以致　以至：事物扩展、延伸或事物发展到一定程度产生的效果。以致：事态发展所形成的结果。两者的区别在于：以至用于事物程度的升级；以致用于原因导致的后果。

（10）制订·制定　制订：创制、拟定。制定：定出、决定。两者的区别在于：制订强调方案、计划等的形成过程，制定强调法规等的定型和拍板定案。

附录四　常用标点符号用法简表

一、基本定义

句子，前后都有停顿，并带有一定的句调，表示相对完整的意义。句子前后或中间的停顿，在口头语言中，表现出来就是时间间隔，在书面语言中，就用标点符号来表示。一般来说，汉语中的句子分以下几种。

陈述句：用来说明事实的句子。

祈使句：用来要求听话人做某件事情的句子。

疑问句：用来提出问题的句子。

感叹句：用来抒发某种强烈感情的句子。

复句、分句：意思上有密切联系的小句子组织在一起构成一个大句子。这样的大句子叫复句，复句中的每个小句子叫分句。

构成句子的语言单位是词语，即词和短语（词组）。词即最小的能独立运用的语言单位。短语，即由两个或两个以上的词按一定的语法规则组成的表达一定意义的语言单位，也叫词组。

标点符号是书面语言的有机组成部分，是书面语言不可缺少的辅助工具。它帮助人们确切地表达思想感情和理解书面语言。

二、用法简表

名称	符号	用法说明	举例
句号①	。	1. 用于陈述句的末尾。	北京是中华人民共和国的首都。
		2. 用于语气舒缓的祈使句末尾。	请您稍等一下。
问号	？	1. 用于疑问句的末尾。	他叫什么名字？
		2. 用于反问句的末尾。	难道你不了解我吗？
叹号	！	1. 用于感叹句的末尾。	为祖国的繁荣昌盛而奋斗！
		2. 用于语气强烈的祈使句末尾。	停止射击！
		3. 用于语气强烈的反问句末尾。	我哪里比得上他呀！

名称	符号	用法说明	举例
逗号	，	1. 句子内部主语与谓语之间如需停顿，用逗号。	我们看得见的星星，绝大多数是恒星。
		2. 句子内部动词与宾语之间如需停顿，用逗号。	应该看到，科学需要一个人贡献出毕生的精力。
		3. 句子内部状语后边如需停顿，用逗号。	对于这个城市，他并不陌生。
		4. 复句内各分句之间的停顿，除了有时要用分号外，都要用逗号。	据说苏州园林有一百多处，我到过的不过十多处。
顿号	、	用于句子内部并列词语之间的停顿。	正方形是四边相等、四角均为直角的四边形。
分号②	；	1. 用于复句内部并列分句之间的停顿。	语言，人们用来抒情达意；文字，人们用来记言记事。
		2. 用于分行列举的各项之间。	中华人民共和国行政区域划分如下：（一）全国分为省、自治区、直辖市；（二）省、自治区分为自治州、县、自治县、市；（三）县、自治县分为乡、民族乡、镇。
冒号	：	1. 用于称呼语后边，表示提起下文。	同志们，朋友们：现在开会了……
		2. 用于"说、想、是、证明、宣布、指出、透露、例如、如下"等词语后边，提起下文。	他十分惊讶地说："啊，原来是你！"
		3. 用于总说性话语的后边，表示引起下文的分说。	北京紫禁城有四座城门：武门、神武门、东华门、西华门。
		4. 用于需要解释的词语后边，表示引出解释或说明。	外文图书展销会日期：10月20日至11月10日，时间：上午8时至下午4时，地点：北京朝阳区工体东路16号，主办单位：中国图书进出口总公司。
		5. 用于总括性话语的前边，以总结上文。	张华考上了北京大学；李萍进了中等技术学校；我在百货公司当售货员：我们都有光明的前途。

名称	符号	用法说明	举例
引号③	" " ' '	1. 用于行文中直接引用的部分。	"满招损，谦受益"这句格言，流传到今天至少有两千年了。
		2. 用于需要着重论述的对象。	古人对于写文章有个基本要求，叫作"有物有序"。"有物"就是要有内容，"有序"就是要有条理。
		3. 用于具有特殊含义的词语。	这样的"聪明人"还是少一点好。
		4. 引号里面还要用引号时，外面一层用双引号，里面一层用单引号。	他站起来问："老师，'有条不紊'是什么意思？"
括号④	（）	用于行文中注释的部分。注释句子中某些词语的，括注紧贴在被注释词语之后；注释整个句子的，括注放在句末标点之后。	（1）中国猿人（全名为"中国猿人北京种"，或简称"北京人"）在我国的发现，是对古人类学的一个重大贡献。（2）写研究性文章跟文学创作不同，不能摊开稿纸搞"即兴"。（其实文学创作也要有素养才能有"即兴"。）
破折号	——	1. 用于行文中解释说明的部分。	迈进金黄色的大门，穿过宽敞的风门厅和衣帽厅，就到了大会堂建筑的枢纽部分——中央大厅。
		2. 用于话题突然转变。	"今天好热啊！——你什么时候去上海？"张强对刚刚进门的小王说。
		3. 用于声音延长的拟声词后面。	"呜——"火车开动了。
		4. 用于事项列举时分承的各项之前。	根据研究对象的不同，环境物理学分为以下五个分支学科：——环境声学；——环境光学；——环境热学；——环境电磁学；——环境空气动力学。
省略号⑤	……	1. 用于引文的省略。	她轻轻地哼起了《摇篮曲》："月儿明，风儿静，树叶儿遮窗棂啊……"
		2. 用于列举的省略。	在广州的花市上，牡丹、吊钟、水仙、梅花、菊花、山茶、墨兰……春秋冬三季的鲜花都挤在一起啦！
		3. 用于话语中间，表示说明断断续续。	"我……对不起……大家，我……没有……完成……任务。"

续表

名称	符号	用法说明	举例
连接号⑥	—	1. 两个相关的名词构造成一个意义单位，中间用连接号。	我国秦岭—淮河以北地区属于温带季风气候区，夏季高温多雨，冬季寒冷干燥。
		2. 相关的时间、地点或数目之间，用连接号，表示起止。	鲁迅（1881—1936）原名周树人，字豫才，浙江绍兴人。
		3. 相关的字母、阿拉伯数字等之间，用连接号，表示产品型号。	在太平洋地区，除了已经建成投入使用的HAW—4和TPC—3海底光缆之外，又有TPC—4海底光缆投入运营。
		4. 几个相关的项目表示递进式发展，中间用连接号。	人类的发展可以分为古猿—猿人—古人—新人这四个阶段。
间隔号	·	1. 用于外国人和某些少数民族人名内各部分的分界。	烈奥纳多·达·芬奇、爱新觉罗·努尔哈赤
		2. 用于书名与篇（章、卷）名之间的分隔。	《中国大百科全书·物理学》《三国志·蜀志·诸葛亮传》
书名号	《》〈〉	用于书名、篇名、报纸名、刊物名等。	《红楼梦》的作者是曹雪芹。 课文里有一篇鲁迅的《从百草园到三味书屋》。 他的文章在《人民日报》上发表了。 桌上放着一本《中国语文》。 《〈中国工人〉发刊词》发表于1940年2月7日。
专名号⑦		用于人名、地名、朝代名等专名下面。	司马相如者，汉 蜀郡 成都人也，字长卿

附注：① 句号的形式为"。"。句号还有一种形式，即一个小圆点"."，一般在科技文献中使用。② 非并列关系（如转折关系、因果关系等）的多重复句，第一层的前后两部分之间，也用分号。③ 直行文稿引号改用双引号"﹃﹄"和单引号"﹁﹂"。④ 此外还有方括号"［ ］"、六角括号"〔 〕"和方头括号"【 】"。⑤ 如果是整段文章或诗行的省略，可以使用12个小圆点来表示。⑥ 连接号还有另外三种形式，即长横"——"（占两个字的位置）、半字线"－"（占半个字的位置）和浪纹"～"（占一个字的位置）。⑦ 专名号只用在古籍或某些文史著作里面。为了与专名号配合，这类著作里的书名号可以用浪线"﹏﹏"。

附录五　修改符号的使用说明

修改符号的说明

1. 改正号：表明需要改正错误。把错误之处圈起来，再用引线引到空白处改正。

2. 删除号：表示删除掉文字。少字时加圈，文字多时可加框打叉。

3. 增补号：表明增补。文字少时加圈，文字多时可用线画清增补的范围。

4. 对调号：表明调整或颠倒的字句位置。三曲线的中间部分不调整。

5. 转移号：表明词语位置的转移。将要转移的部分圈起来，并画出引线指向转移部位。

6. 接排号：表明两行文字之间应接排，不需另起一行。

7. 另起号：表明要另起一段。需要另起一段的地方，用引线向左延伸到起段的位置。

8. 移位号：表明移位的方向。用箭头或凸曲线表示，使用箭头，是表示移至箭头前直线位置；使用凸曲线，是表示把符号内的文字移至开口处两短直线的位置。

9. 排齐号：表明应排列整齐。在行列中不齐的字句上、下或左、右画出直线。

10. 保留号：表明改错或删错后需保留原状。在改错或删错处的上方或下方画出三角符号，并在原删除符号上画两条短线。

11. 加空号：表明在字与字或行与行之间加空。符号画在字与字之间的上方，行与行之间的左、右处。

12. 减空号：表明字与字、行与行之间减空。符号使用方法同上。

13. 空字号：表明空一字距；表明空 1/2 字距；表明空 1/3 字距；表明空 1/4 字距。

14. 角码号：用以改正上、下角码的位置。

15. 分开号：用以分开外文字母。

参考文献

［1］桂天寅. 案例教学法应用文写作教程［M］. 北京：中国物资出版社，2008.

［2］郭莉. 经济应用文写作［M］. 北京：清华大学出版社，2009.

［3］林运清. 公文写作一本通［M］. 北京：企业管理出版社，2006.

［4］章毅. 大学应用文写作教程［M］. 天津：南开大学出版社，2013.

［5］刘丽敏. 公文写作格式与范例大全［M］. 北京：红旗出版社，2008.

［6］曾玉宏，王素娟. 新编应用写作教程［M］. 湖北：武汉理工大学出版社，2006.

［7］北京纽哈斯国际教育咨询有限公司. HiALL 求职快车简历篇［M］. 北京：群言出版社，2005.

［8］杨文丰. 现代应用文写作［M］. 北京：中国人民大学出版社，2001.